LATINÍSIMO MÂNCĂ GĂTITE ACASA DIN AMERICA LATINA

Deblocați secretele pentru a recrea 100 de feluri de mâncare latino în propria bucătărie

Olivia Pavel

Material cu drepturi de autor ©2023

Toate drepturile rezervate

Nicio parte a acestei cărți nu poate fi utilizată sau transmisă sub nicio formă sau prin orice mijloc fără acordul scris corespunzător al editorului și al proprietarului drepturilor de autor, cu excepția citatelor scurte utilizate într-o recenzie. Această carte nu trebuie considerată un substitut al sfaturilor medicale, juridice sau de altă natură profesională.

CUPRINS _

CUPRINS _	3
INTRODUCERE	7
MIC DEJUN	8
1. MICUL SÂNGE	9
2. SANDVIȘURI TRIPLE ÎN STIL LATINO-AMERICAN	11
3. CHILAQUILES ROȘII CU OUĂ PRĂJITE	13
4. MIC DEJUN CU ROȘII ȘI OUĂ PRĂJITE PE PÂINE PRĂJITĂ	16
5. TERCI DE OREZ CU CIOCOLATA	18
6. PRĂJITURI DE PEȘTE PENTRU MIC DEJUN	20
7. TOAST CUBANEZ CU CAFEA CU LAPTE	22
GUSTĂRI	24
8. PÂINE CU CHICHARRÓN	25
9. PATLAGINI PRAJITE	27
10. CEVICHE DE PEȘTE ALB	29
11. CEVICHE MARINAT PICANT	31
12. TAMALES ÎN STIL LATINO-AMERICAN	33
13. CEVICHE CU SCOICI NEGRE	35
14. CARTOFI UMPLUTI	37
15. BATOANE DE BRÂNZĂ CU SOS	40
16. CARTOFI PRAJITI YUCA	42
17. CEVICHE ÎN STIL LATINO-AMERICAN	44
18. CARTOFI ÎN STIL HUANCAYO	46
19. AVOCADO UMPLUT	48
20. SARDINE UMPLUTE	50
21. CREVEȚI PICANTE ÎN STIL BRAZILIAN	52

GARNITURĂ..**54**

    22. Pozol...55

    23. Cactus cu figur la grătar...57

    24. Ardei iute umplut..59

    25. Fasole în stil latino-american...61

REȚEA..**63**

    26. Ciorba galitiana...64

    27. Porcă și fasole...66

    28. roșie și orez..68

    29. R gheata cu mazare porumbei...70

    30. S fructe de mare asopado..72

    31. Chorizo vegan de casă..74

    32. Torta Ahogada..77

    33. Orez orfan..79

    34. Fasole în oală...81

    35. Charro sau fasole beată..83

    36. Boabe de fasole prăjite...85

    37. Fasole în stil Santa Maria..87

TACOS..**89**

    38. Rajas cu Crema Tacos..90

    39. Tacos Tinga cu cartofi dulci și morcovi..................................92

    40. Tacos cu cartofi și chorizo...94

    41. Summer Calabacitas Tacos..96

    42. Tacos cu dovlecel picant și fasole neagră..............................98

    43. Tacos cu carne de vită în stil bivoliță..................................100

    44. Înfășura-uri cu taco de vită..102

    45. Tacos cu carne de vită la grătar în stil Carnitas...................104

    46. Tarte minuscule cu carne de vita cu taco............................106

    47. O tigaie cu brânză pentru taco...108

    48. Tacos de stradă cu friptură de fustă...................................110

SUPE SI SALATE 112

49. SOPA TARASCA 113
50. SUPĂ DE FASOLE NEAGRĂ 115
51. SUPĂ ÎN STIL TLAPAN 117
52. SUPA ORAȘ 119
53. SALATĂ DE CARTOFI 121
54. SALATA PRODUCATORULUI DE TEQUILA 123
55. SALATĂ DE VARZĂ 125

PÂINE PRĂJITĂ 127

56. PÂINE PRĂJITĂ DE PUI LA GRĂTAR 128
57. CALIFORNIA TURCIA PÂINE PRĂJITĂ 130
58. PIZZA PÂINE PRĂJITĂ CU CARNE DE VITĂ ȘI FASOLE 132
59. PÂINE PRĂJITĂ CU PICIOARE DE PORC 134
60. CHORIZO, CARTOFI ȘI MORCOVI PÂINE PRĂJITĂ 136
61. PÂINE PRĂJITĂ DE PORC PICADILLO 138

DESERT 140

62. FLAN CU BRÂNZĂ 141
63. SHOT PALETA DE PEPENE VERDE 143
64. CARLOTA DE LIMON 145
65. MANGO ȘI CHAMOY SLUSHIE 147
66. MOUSSE DE CIOCOLATĂ 149
67. BANANE ȘI MANDARINE CU SOS DE VANILIE 151
68. SORBETE DE JAMAICA 153
69. MANGO LA GRATAR 155
70. BUDINCĂ RAPIDĂ DE FRUCTE 157
71. BANANE LA GRĂTAR ÎN SOS DE NUCĂ DE COCOS 159
72. SORBET DE MANGO 161
73. FLAN LATIN 163
74. PRAJITURI DE PORUMB FIERTE LA ABUR 165
75. BUDINCĂ DE OREZ 168

76. Budincă de porumb violet 170

77. Budinca de quinoa 173

78. Prajituri de cod brazilian 175

CONDIMENTE 177

79. Sos de coriandru 178

80. O pudră de dobo 180

81. Dip de legume 182

82. Vallarta dip 184

83. Sofrito verde 186

84. Condimente pentru taco 188

85. roșii și porumb 190

86. Guacamole de fasole albă 192

BĂUTURI 194

87. Smoothie de cactus 195

88. Ape proaspete 197

89. Mojito în stil latino-american 199

90. Horchata de Melón 201

91. Sangrita 203

92. Oul de cocos 205

93. Moș de ouă în stil latino-american 207

94. Bere de porumb fermentată 209

95. Băutură de porumb violet 212

96. Fructul pasiunii Sour 214

97. Ceai de coca 216

98. Cappuccino cu rom în stil latino-american 218

99. Pisco Lovi cu pumnul 220

100. Cocktail de fructe Camu 222

CONCLUZIE 224

INTRODUCERE

Bine ați venit la „Latinísimo: Mâncăruri gătite acasă din America Latină!" Această carte de bucate nu este doar despre rețete; este o călătorie în inima bucătăriilor din America Latină, o sărbătoare a tradiției, a familiei și a aromelor bogate care definesc casa.

În aceste pagini, explorăm 100 de mâncăruri latine autentice, oferind mai mult decât instrucțiuni de gătit. Latinísimo întinde o invitație deschisă de a îmbrățișa diversitatea și vitalitatea moștenirii culinare din America Latină - o tapiserie țesătă cu firele tradițiilor vechi de generații.

Imaginați-vă că sunteți transportat în piețe pline de viață, în bucătăria bunicii și în adunări pline de viață, unde mâncarea este o sărbătoare culturală. Fiecare rețetă aduce un omagiu diverselor tradiții culinare, de la Caraibe tropicale până la mâncărurile copioase din America de Sud.

Indiferent dacă sunteți un bucătar experimentat sau un începător în bucătărie, Latinísimo vă invită să vă cufundați în aromele, texturile și gusturile care fac din mâncărurile gătite de casă din America Latină o adevărată delicie. Este o explorare care trece dincolo de palat, atingând inima și sufletul celor adunați în jurul mesei.

Călătoria să înceapă pe măsură ce pășim în bucătăriile din America Latină – un tărâm în care ospitalitatea și aromele bogate creează o simfonie care transcende granițele. Latinísimo este pașaportul tău către inima caselor din America Latină, unde fiecare fel de mâncare spune o poveste și fiecare masă este o expresie a iubirii. Bucurați-vă! Fie ca fiecare mușcătură să vă amintească de moștenirea culinară care împodobește bucătăria dvs. și să sărbătorească dragostea țesută în fiecare fel de mâncare latină. ¡Buen provecho!

MIC DEJUN

1. Micul Sânge

INGREDIENTE:
- 500 de grame de sânge de pui
- 40 ml de smântână groasă
- 3 linguri de ulei de măsline sau carne de vită picurată.
- 2 cepe medii tocate
- 1 cap de usturoi tocat
- 1 ardei iute mic
- Oregano
- Menta si coriandru tocate
- Sare

INSTRUCȚIUNI:
a) Pune sângele de pui la frigider pentru a se răci.
b) Prăjiți usturoiul, ceapa și ardeiul în ulei de măsline până la 10 minute.
c) Adăugați ierburile tocate și sare.
d) Scoateți sângele, tăiați-l în cuburi mici și adăugați la amestec.
e) Amesteca bine.
f) Mai adauga putin ulei si sare dupa gust.

2.Sandvișuri triple în stil latino-american

INGREDIENTE:
- 4 ouă
- ¼ cană maioneză
- 8 felii de pâine albă pentru sandvișuri, fără crusta
- 1 avocado mare copt
- 1 roșie coaptă cu viță de vie, feliată
- ½ linguriță fiecare sare și piper, împărțite

INSTRUCȚIUNI:
a) Pune ouăle într-un singur strat într-o cratiță. Acoperiți, cu 1 inch (2,5) cm, cu apă rece.
b) Pune tigaia la foc mare și aduce apa la fierbere.
c) Puneți un capac etanș pe tigaie și luați de pe foc. Se lasa sa stea 6 minute.
d) Scurgeți apa și puneți ouăle sub jet de apă rece timp de 1 minut sau până când se răcesc suficient pentru a fi manipulate. Curățați și feliați fiecare ou.
e) Întindeți un strat subțire de maioneză pe o parte a fiecărei felii de pâine.
f) Împărțiți avocado uniform peste 2 bucăți de pâine; se asezoneaza cu putina sare si piper. Așezați avocado cu o bucată de pâine, cu maioneza în sus.
g) Împărțiți roșia uniform peste cele 2 bucăți de pâine; se asezoneaza cu putina sare si piper.
h) Acoperiți roșia cu o a treia bucată de pâine; maiaua cu partea în sus. Împărțiți ouăle feliate în mod egal peste cele 2 bucăți de pâine; se asezonează cu sare și piper rămas.
i) Acoperiți cu ultima bucată de pâine; maiaua în jos.
j) Tăiați fiecare sandviș în jumătate pentru a face 4 porții.

3.Chilaquiles roșii cu ouă prăjite

INGREDIENTE:
PENTRU SOS:
- O cutie de 12 uncii de roșii decojite, împreună cu ½ cană din sucurile însoțitoare
- 1 jalapeño, seminte incluse, tocat grosier
- 1 ceapă albă mică, tăiată cubulețe
- 2 ardei chipotle in sos adobo
- 4 catei de usturoi
- ¼ de cană de coriandru proaspăt tocat grosier
- 2 linguri ulei vegetal
- 1 lingura nectar de agave
- Putina sare

PENTRU MONTARE:
- Ulei vegetal pentru prajit
- Tortile de porumb, tăiate sau rupte în triunghiuri
- Sare si piper
- Brânză Monterey Jack mărunțită
- Branza Cotija
- ouă
- Coriandru proaspăt

INSTRUCȚIUNI:

a) Începeți prin a pune toate ingredientele pentru sos, cu excepția uleiului, agavei și sării, într-un blender și amestecați până când obțineți o consistență netedă. Se încălzește uleiul vegetal într-o cratiță mare la foc mediu, apoi se adaugă sosul amestecat și se amestecă până se îngroașă.

b) Încorporați agavele și sarea. Aici, s-ar putea să întâmpinați provocarea inițială, care este să rezistați tentației de a consuma tot sosul sau de a-l devora direct din cratiță cu o pungă de Tostitos. Exercițiu reținere.

ASAMBLA

c) Preîncălziți broilerul și începeți să prăjiți tortilla. Încălziți aproximativ ¼ inch de ulei într-o cratiță și, în loturi, prăjiți triunghiurile tortilla, răsturnându-le la jumătate, până devin oarecum crocante, deși nu complet crocante.

d) Scurge tortilla prajite pe un prosop de hartie, asezonand-le usor cu sare. Aceasta este următoarea ta provocare: tentația de a consuma tot sosul cu aceste aproape chipsuri. Cu toate acestea, trebuie să rezistați.

e) În felul de mâncare pe care l-ați ales (folosește o cratiță sau o tigaie de fontă pentru o adunare mai mare, sau o tavă de plăcintă sau o farfurie pentru un grup mai mic), aranjează un strat de tortilla, suprapunându-le pe măsură ce mergi. Turnați sosul peste ele până la nivelul dorit de pirozime (în general, mai mult este mai bine), apoi acoperiți-le cu generozitate cu ambele brânzeturi. Este acceptabil ca asta să pară oarecum supos; de fapt, ar trebui. Prăjiți amestecul până când brânza se topește. Nu încercați să utilizați o furculiță în această etapă.

f) Într-o tigaie mică, prăjiți ouăle peste ușor, asigurându-vă că gălbenușurile rămân nefierte pentru că știți ce urmează.

g) Puneți porții din amestecul de tortilla în boluri individuale, adăugați un ou sau două și niște coriandru proaspăt și asezonați cu sare și piper.

4.Mic dejun cu roșii și ouă prăjite pe pâine prăjită

INGREDIENTE:
- 4 felii groase de pâine rustică
- Ulei de masline
- 1 cățel mare de usturoi, decojit
- 1 roșie mare coaptă, tăiată la jumătate
- 4 ouă mari
- Sare si piper

INSTRUCȚIUNI:
a) Ungeți ambele părți ale feliilor groase de pâine cu un strop de ulei de măsline și prăjiți în cuptor sau în cuptorul de pâine la aproximativ 375°F până devin aurii și crocante.
b) Odată ce prăjiturile sunt gata, scoateți-le din cuptor și frecați-le generos cu cățelul de usturoi decojit, urmat de partea tăiată a roșii.
c) Pe măsură ce frecați, asigurați-vă că stoarceți interiorul suculent al roșiilor pe pâine prăjită. Presărați un praf de sare și piper pe pâine prăjită.
d) Într-o tigaie mare sau într-o tigaie, adăugați un strat subțire de ulei de măsline și încălziți-l la foc mediu-mare.
e) Spargeți ouăle în tigaie, asezonați-le cu sare și piper, apoi acoperiți tigaia și gătiți până se întăresc albușurile, păstrând gălbenușurile curgătoare. Puneți câte un ou prăjit deasupra fiecărei bucăți de pâine prăjită și serviți.
f) Bucurați-vă de micul dejun delicios!

5.Terci de orez cu ciocolata

INGREDIENTE:
- 1 cană de orez glutinos
- 4 căni de apă
- ½ cană pudră de cacao
- ½ cană zahăr (ajustați după gust)
- ½ cană lapte evaporat
- Vârf de cuțit de sare
- Nucă de cocos rasă sau lapte condensat pentru garnitură

INSTRUCȚIUNI:
a) Într-o oală, amestecați orezul glutinos și apa. Se aduce la fierbere și se fierbe până când orezul este fiert și amestecul se îngroașă.
b) Într-un castron separat, amestecați pudra de cacao, zahărul, laptele evaporat și un praf de sare pentru a forma un sos de ciocolată.
c) Combinați sosul de ciocolată cu orezul fiert și amestecați bine.
d) Se serveste fierbinte, ornata cu nuca de cocos rasa sau lapte condensat.

6.Prăjituri de pește pentru mic dejun

INGREDIENTE:
- 400 g (14 oz) cartofi din cultura principală făinoase, fierte
- 300 g (11 oz) file de cod
- 225 ml (8 fl oz) lapte gras
- 1 fâșie tăiată de coajă de lămâie
- 1 frunză de dafin
- 40 g (1½ oz) unt
- 2 linguri ulei de masline
- 1 ceapa mica, tocata marunt
- un pumn de patrunjel
- 1 lingurita suc proaspat de lamaie
- 25 g (1 oz) făină simplă
- 1 ou mare, bătut
- 100 g (4 oz) pesmet alb proaspăt

INSTRUCȚIUNI:
a) Puneți peștele, laptele, coaja de lămâie, dafinul și niște piper negru într-o tigaie. Acoperiți, aduceți la fierbere și fierbeți timp de 4 minute sau până când peștele tocmai s-a fiert.

b) Topiți 15 g (½ oz) de unt într-o tigaie de mărime medie, adăugați 1 linguriță de ulei de măsline și ceapa și gătiți ușor timp de 6-7 minute, până când devine moale și translucid, dar nu maro. Adăugați piureul de cartofi și lăsați-i să se încălzească; apoi adaugam pestele, patrunjelul, zeama de lamaie si 2 linguri de lapte de braconat si amestecam bine.

c) Pune oul într-un vas puțin adânc și pesmetul într-un altul. Folosind mâinile ușor umede, formați amestecul în făină în opt prăjituri de pește de aproximativ 1 cm (½ in) grosime. Înmuiați-le în oul bătut și apoi pesmetul, puneți-le pe o tavă de copt și lăsați-le 1 oră (sau mai bine peste noapte) la frigider.

d) Se încălzește untul rămas și ultima linguriță de ulei într-o tigaie antiaderentă până se topește untul, se adaugă prăjiturile de pește și apoi se prăjesc ușor aproximativ 5 minute pe fiecare parte până devin aurii.

7.Toast cubanez cu Cafea cu lapte

INGREDIENTE:
- Pâine cubaneză sau pâine franceză
- Unt
- Zahăr
- Cafea cubaneză tare
- Lapte

INSTRUCȚIUNI:
a) Tăiați pâinea cubaneză sau franceză în grosimea dorită.
b) Prăjiți feliile până devin maro auriu.
c) Cât timp pâinea este încă caldă, întindeți o cantitate generoasă de unt pe fiecare felie.
d) Presărați zahăr peste pâinea prăjită cu unt, lăsând-o să se topească ușor.
e) Preparați o ceașcă tare de cafea cubaneză.
f) Se încălzește o cantitate egală de lapte până când se aburește, dar nu fierbe.
g) Amestecați cafeaua și laptele pentru a crea o Cafea cu lapte.
h) Înmuiați pâinea prăjită îndulcită în Cafea cu lapte și savurați combinația delicioasă de arome.

GUSTĂRI

8.Pâine cu Chicharrón

INGREDIENTE:
- 4 chifle mici (cum ar fi ciabatta sau chifle franțuzești)
- 1 kilogram de umăr de porc, tăiat în felii subțiri
- 2 catei de usturoi, tocati
- 1 lingurita chimen
- ½ lingurita boia
- Sare si piper dupa gust
- Cartofi dulci tăiați felii
- Salsa criolla (ceapa, suc de lime si ardei iute) pentru topping

INSTRUCȚIUNI:

a) Într-un castron, marinați feliile de porc cu usturoi, chimen, boia de ardei, sare și piper. Lăsați-l la marinat timp de cel puțin 30 de minute.

b) Încinge puțin ulei într-o tigaie și prăjește carnea de porc marinată până devine crocantă și gătită.

c) Tăiați chiflele în jumătate și puneți un strat de carne de porc gătită, cartofi dulci feliați și salsa criolla.

d) Închideți rulourile și serviți fierbinți.

9.Patlagini prajite

INGREDIENTE:
- 2 pătlagini verzi
- Ulei vegetal pentru prajit
- Sarat la gust

INSTRUCȚIUNI:
a) Începeți prin a curăța pătlaginele verzi. Pentru a face acest lucru, tăiați capetele pătlaginelor și faceți o fantă longitudinală de-a lungul pielii. Îndepărtați pielea trăgând-o de pătlagină.
b) Tăiați pătlaginele în felii groase, de aproximativ 1 inch (2,5 cm) grosime.
c) Încinge ulei vegetal într-o tigaie adâncă sau o tigaie la foc mediu. Asigurați-vă că există suficient ulei pentru a scufunda complet feliile de pătlagină.
d) Adăugați cu grijă feliile de pătlagină în uleiul încins și prăjiți-le aproximativ 3-4 minute pe fiecare parte sau până devin aurii.
e) Scoateți feliile de pătlagină prăjite din ulei și puneți-le pe o farfurie tapetată cu un prosop de hârtie pentru a scurge excesul de ulei.
f) Luați fiecare felie de pătlagină prăjită și aplatizați-o folosind fundul unui pahar sau un instrument de bucătărie special conceput pentru aplatizare.
g) Readuceți feliile de pătlagină turtite în uleiul încins și prăjiți-le încă 2-3 minute pe fiecare parte până devin crocante și aurii.
h) După ce s-au prăjit până la nivelul dorit de crocant, scoateți pataconele/Pătlaginele prăjite din ulei și puneți-le pe o farfurie tapetată cu un prosop de hârtie pentru a scurge orice exces de ulei.
i) Stropiți Pataconele/Pătlaginele prăjite cu sare după gust cât sunt încă fierbinți.
j) Servește Patacones/Pătlagină prăjită ca garnitură sau ca bază pentru toppinguri sau umpluturi, cum ar fi guacamole, salsa sau carne mărunțită.

10. Ceviche de pește alb

INGREDIENTE:
- 1 kg fileuri de pește alb proaspăt (cum ar fi lipa sau snapper), tăiate în bucăți mici
- 1 cană suc proaspăt de lămâie
- 1 ceapă roșie mică, feliată subțire
- 1-2 ardei rocoto sau habanero proaspeți, fără semințe și tocați mărunt
- ½ cană coriandru proaspăt tocat
- ¼ cană frunze de mentă proaspătă tocate
- 2 catei de usturoi, tocati
- Sarat la gust
- Piper negru proaspăt măcinat, după gust
- 1 cartof dulce, fiert și feliat
- 1 spic de porumb, fiert si boabe scoase
- Frunze de salata verde, pentru servire

INSTRUCȚIUNI:
a) Într-un castron nereactiv, combinați bucățile de pește cu sucul de lămâie, asigurându-vă că peștele este complet acoperit.
b) Lăsați-l la marinat la frigider pentru aproximativ 20-30 de minute până când peștele devine opac.
c) Scurgeți sucul de lime din pește și aruncați sucul.
d) Într-un castron separat, combinați peștele marinat cu ceapa roșie, ardeii rocoto sau habanero, coriandru, menta și usturoiul. Se amestecă ușor pentru a se combina.
e) Asezonați cu sare și piper negru proaspăt măcinat după gust. Reglați cantitatea de ardei rocoto sau habanero în funcție de nivelul dorit de picant.
f) Lăsați cevicheul la marinat la frigider pentru încă 10-15 minute pentru a permite aromelor să se îmbine.
g) Serviți cevicheul răcit pe un pat de frunze de salată verde, ornat cu felii de cartof dulce fiert și boabe de porumb.

11. Ceviche marinat picant

INGREDIENTE:
- 1 kg file de pește proaspăt (cum ar fi lipa, limbă sau snapper), feliate subțiri
- Suc de 3-4 lime
- 2 linguri de pasta de ají amarillo
- 2 catei de usturoi, tocati
- 1 lingura sos de soia
- 1 lingura ulei de masline
- 1 lingurita zahar
- Sarat la gust
- Piper, după gust
- Coriandru proaspăt, tocat, pentru ornat
- Ceapa rosie, feliata subtire, pentru garnitura
- Ardei rocoto sau ardei iute roșu, felii subțiri, pentru decor

INSTRUCȚIUNI:
a) Puneți fileurile de pește feliate subțiri într-un vas puțin adânc.
b) Într-un castron, combinați sucul de lămâie, pasta de ají amarillo, usturoiul tocat, sosul de soia, uleiul de măsline, zahărul, sare și piper. Se amestecă până se omogenizează bine.
c) Turnați marinada peste pește, asigurându-vă că fiecare felie este acoperită uniform.
d) Lăsați peștele la marinat la frigider pentru aproximativ 10-15 minute. Aciditatea sucului de lime va „găti" ușor peștele.
e) Aranjați feliile de pește marinat pe un platou de servire.
f) Stropiți puțin din marinadă peste pește ca dressing.
g) Ornează Tiradito/Ceviche-ul în stil latino-american cu coriandru proaspăt tocat, ceapă roșie feliată subțire și ardei rocoto sau ardei iute roșu feliate.
h) Servește Tiradito/Ceviche în stil latino-american imediat ca aperitiv sau fel principal ușor.

12. Tamales în stil latino-american

INGREDIENTE:
- 2 cani de masa harina (faina de porumb)
- ½ cană ulei vegetal
- 1 cană supă de pui sau porc
- 1 linguriță de pastă de aji Amarillo (pastă de chili galben în stil latino-american)
- ½ cană de pui sau porc gătit și mărunțit
- 2 oua fierte, feliate
- Măsline și stafide tăiate felii pentru umplutură
- Frunze de banană sau coji de porumb pentru ambalare

INSTRUCȚIUNI:
a) Într-un castron mare, combinați masa harina, uleiul vegetal, bulionul de pui sau porc și pasta de aji Amarillo. Amestecați până obțineți un aluat omogen.
b) Luați o frunză de banană sau coajă de porumb, puneți o lingură de aluat pe ea și întindeți-o.
c) Adăugați o felie de ou, puțină carne mărunțită, măsline și stafide în centrul aluatului.
d) Îndoiți frunza de banană sau coaja de porumb pentru a înveli tamalul, creând un pachet îngrijit.
e) Gătiți tamalele la abur timp de aproximativ 45 de minute până la 1 oră, până când sunt fierte și tari.
f) Serviți tamalele cu salsa criolla suplimentară sau sos aji, dacă doriți.

13. Ceviche cu scoici negre

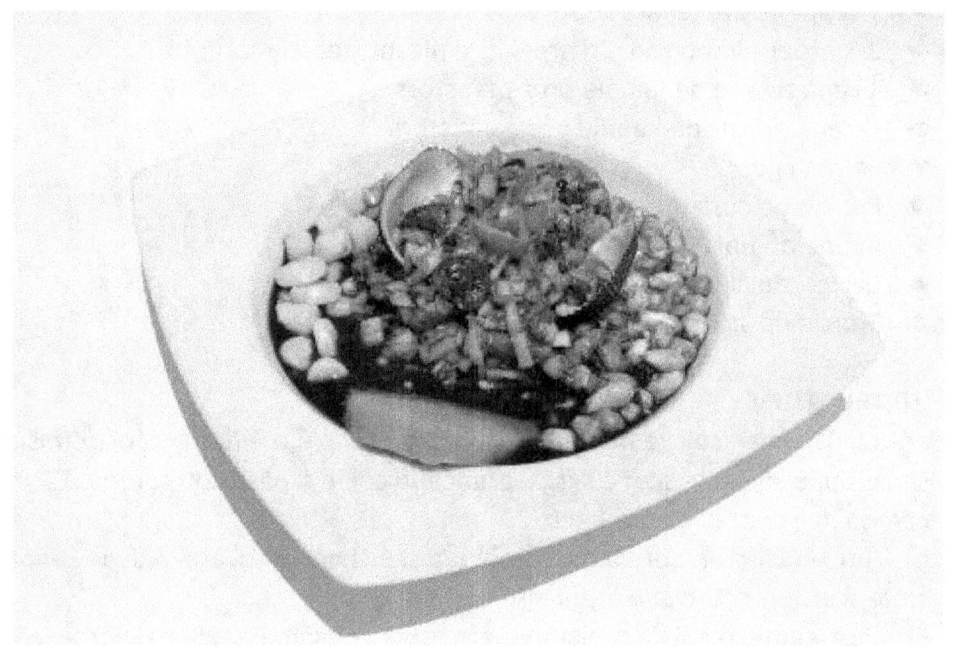

INGREDIENTE:
- 1 kilogram de scoici negre proaspete (conchas negras), curățate și decojite
- 1 ceapă roșie, feliată subțire
- 2-3 ardei rocoto sau alti ardei iute picant, tocati marunt
- 1 cană de suc de lămâie proaspăt stors
- ½ cană de suc de lămâie proaspăt stors
- Sarat la gust
- Frunze de coriandru proaspete, tocate
- Boabe de porumb (optional)
- Cartofi dulci, fierți și feliați (opțional)
- Frunze de salata verde (optional)

INSTRUCȚIUNI:
a) Clătiți bine scoicile negre sub apă rece pentru a îndepărta orice nisip sau nisip. Scoicile se scot cu grijă, aruncând cojile și păstrând carnea. Tăiați carnea de scoici în bucăți mici.
b) Într-un castron nereactiv, combinați scoici negre tocate, felii de ceapă roșie și ardei rocoto sau ardei iute.
c) Peste amestecul de scoici se toarnă sucul de lămâie și lămâie proaspăt stors, asigurându-vă că toate ingredientele sunt acoperite în sucul de citrice. Acest lucru va ajuta la „gătirea" scoicilor.
d) Se condimentează cu sare după gust și se amestecă ușor totul.
e) Acoperiți vasul cu folie de plastic și lăsați-l la frigider pentru aproximativ 30 de minute până la 1 oră. În acest timp, acidul din sucul de citrice va marina în continuare și va „găti" scoicile.
f) Înainte de servire, gustați ceviche-ul și ajustați condimentele dacă este necesar.
g) Se ornează cu frunze de coriandru proaspăt tocate.
h) Opțional: Serviți ceviche-ul cu boabe de porumb fierte, cartofi dulci feliați și frunze de salată pentru un plus de textură și acompaniamente.
i) Servește Ceviche de Conchas Negras/Ceviche cu scoici negru rece ca aperitiv sau fel principal. Savurează-l cu boabe de porumb prăjite (cancha) sau tortillas crocante de porumb.
j) Notă: Este important să folosiți scoici negre proaspete și de înaltă calitate pentru acest ceviche. Asigurați-vă că scoicile provin de la furnizori de încredere de fructe de mare și sunt curățate corespunzător înainte de utilizare.

14. Cartofi umpluti

INGREDIENTE:
- 4 cartofi mari, curatati si taiati in patru
- 1 lingura ulei vegetal
- 1 ceapa mica, tocata marunt
- 2 catei de usturoi, tocati
- ½ kg carne de vită sau carne măcinată la alegere
- 1 lingurita chimen macinat
- ½ lingurita boia
- Sare si piper dupa gust
- 2 oua fierte tari, tocate
- 12 măsline, fără sâmburi și tocate
- Ulei vegetal pentru prajit

INSTRUCȚIUNI:
a) Puneti cartofii intr-o oala mare cu apa cu sare si aduceti la fiert.
b) Fierbeți cartofii până sunt fragezi în furculiță, aproximativ 15-20 de minute.
c) Scurgeți cartofii și transferați-i într-un castron mare.
d) Se pasează cartofii până la omogenizare și se lasă deoparte.
e) Într-o tigaie, încălziți uleiul vegetal la foc mediu.
f) Adăugați ceapa tocată și usturoiul tocat și căliți până devin moi și translucide.
g) Adăugați carnea de vită în tigaie și gătiți până se rumenește și este complet gătită. Rupeți orice bucăți mari de carne cu o lingură.
h) Asezonați amestecul de carne cu chimen măcinat, boia de ardei, sare și piper. Amestecați bine pentru a combina condimentele uniform.
i) Se ia tigaia de pe foc si se amesteca ouale tari si maslinele tocate.
j) Se amestecă totul până se încorporează bine.
k) Luați o porție de piure de cartofi (cam de dimensiunea unei mingi de tenis) și aplatizați-o în mână. Asezati o lingura din amestecul de carne in centrul cartofului turtit si modelati aluatul de cartofi in jurul umpluturii, formand o bila. Repetați procesul cu piureul de cartofi rămas și amestecul de carne.
l) Într-o tigaie mare sau o friteuză, încălziți suficient ulei vegetal pentru prăjire la foc mediu. Puneți cu grijă bilutele de cartofi în uleiul încins și prăjiți-le până devin aurii și crocante pe toate părțile. Scoateți Papa Rellena/Cartofll umpluți din ulei și scurgeți-i pe o farfurie tapetată cu un prosop de hârtie.
m) Servește Papa Rellena/Cartofi umpluți fierbinți ca aperitiv sau fel principal. Acestea pot fi savurate singure sau cu o garnitură de salsa criolla (un gust tradițional de ceapă și roșii în stil latino-american) sau sos aji (un sos picant în stil latino-american).
n) Bucurați-vă de aromele delicioase ale Papa Rellena/Cartofi umpluți cât timp sunt încă calde și crocante.

15.Batoane de brânză cu sos

INGREDIENTE:
- 12 ambalaje pentru rulouri de ouă (sau ambalaje wonton)
- 12 felii de queso fresco (brânză albă proaspătă)
- 1 ou, batut (pentru sigilarea ambalajelor)
- Ulei pentru prajit

Pentru sosul de scufundare:
- 2 linguri de pasta de aji amarillo
- ¼ cană maioneză
- 1 lingura suc de lamaie
- Sare si piper dupa gust

INSTRUCȚIUNI:
a) Întindeți un înveliș pentru rulada de ouă, puneți o felie de queso fresco în centru și rulați-o, sigilând marginile cu ou bătut.
b) Încinge uleiul într-o tigaie pentru prăjit.
c) Prăjiți tequeños până când sunt aurii și crocanți.
d) Pentru sosul de scufundare, amestecați pasta de aji amarillo, maioneza, suc de lămâie, sare și piper.
e) Servește tequeños cu sosul de scufundare.

16. Cartofi prajiti Yuca

INGREDIENTE:
- 2 kilograme de yuca (cassava), curățată și tăiată în cartofi prăjiți
- Ulei pentru prajit
- Sarat la gust

INSTRUCȚIUNI:
a) Încinge uleiul într-o friteuză sau o oală mare la 350°F (175°C).
b) Prăjiți cartofii prăjiți yuca în loturi până devin aurii și crocanți, aproximativ 4-5 minute.
c) Scoateți și scurgeți pe prosoape de hârtie.
d) Se presară cu sare și se servește fierbinte.

17. Ceviche în stil latino-american

INGREDIENTE:
- 1 kilogram de pește alb (cum ar fi biban sau talpa), tăiat în bucăți mici
- 1 cană suc proaspăt de lămâie
- 1 ceapa rosie, taiata marunt
- 2-3 ardei limo aji (sau alti ardei iute), tocati marunt
- 1-2 catei de usturoi, tocati
- 1 cartof dulce, fiert și feliat
- 1 spic de porumb, fiert si taiat rondele
- Coriandru proaspăt, tocat
- Sare si piper dupa gust

INSTRUCȚIUNI:
a) Într-un castron mare, combinați peștele și sucul de lămâie. Acidul din sucul de lime va „găti" peștele. Se lasa la marinat aproximativ 10-15 minute.
b) Adăugați ceapa roșie feliată și ardeiul aji limo la peștele la marinat. Amesteca bine.
c) Se condimentează cu usturoi tocat, sare și piper.
d) Servește ceviche-ul cu felii de cartofi dulci fierți, rondele de porumb și o garnitură de coriandru proaspăt.

18.Cartofi în stil Huancayo

INGREDIENTE:
- 4 cartofi galbeni mari
- 1 cană sos aji amarillo (făcut din ardei iute galben în stil latino-american)
- 1 cană queso fresco (brânză proaspătă în stil latino-american), mărunțită
- 4 biscuiti sarati
- ¼ cană lapte evaporat
- 2 linguri ulei vegetal
- 2 oua fierte tari, feliate
- Masline negre pentru garnitura
- Frunze de salata verde (optional)

INSTRUCȚIUNI:
a) Fierbeți cartofii până sunt moi, curățați-i de coajă și tăiați-i rondele.
b) Într-un blender, combinați sosul aji amarillo, queso fresco, biscuiți sărați, laptele evaporat și uleiul vegetal. Mixați până obțineți un sos cremos.
c) Aranjați rondelele de cartofi pe o farfurie (pe frunze de salată dacă doriți).
d) Turnați sosul Huancaína peste cartofi.
e) Se ornează cu felii de ou fiert tare și măsline negre.
f) Se serveste rece.

19. Avocado umplut

INGREDIENTE:
- 2 avocado coapte, tăiate la jumătate și fără sâmburi
- 1 conserva de ton, scurs
- ¼ cană maioneză
- ¼ cană coriandru proaspăt tocat
- ¼ cana ceapa rosie, tocata marunt
- Suc de lămâie
- Sare si piper dupa gust
- Frunze de salata verde pentru servire

INSTRUCȚIUNI:
a) Scoateți o parte din pulpa de avocado din centrul fiecărei jumătăți de avocado pentru a crea o adâncime.
b) Într-un castron, amestecați tonul, maioneza, coriandru, ceapa roșie și un strop de suc de lămâie. Asezonați cu sare și piper.
c) Umpleți jumătățile de avocado cu amestecul de ton.
d) Se serveste pe un pat de frunze de salata verde.
e) Bucurați-vă de aceste aperitive și gustări suplimentare în stil latino-american!

20. Sardine umplute

INGREDIENTE:

- 14 sardine mari (sau 20 mici)
- 14–20 de frunze de dafin proaspete
- 1 portocală, tăiată în jumătate pe lungime, apoi feliată
- pentru umplutura
- 50 g (2 oz) coacăze
- 4 linguri ulei de măsline extravirgin
- 1 ceapa, tocata marunt
- 4 catei de usturoi, tocati marunt
- un praf de ardei iute zdrobit
- 75 g (3 oz) pesmet alb proaspăt
- 2 linguri patrunjel cu frunze plate proaspat tocat
- 15 g fileuri de hamsii in ulei de masline, scurse
- 2 linguri capere mici, tocate
- coaja de ½ portocală mică, plus suc de portocale
- 25 g (1 oz) pecorino sau parmezan ras fin
- 50 g (2 oz) nuci de pin, ușor prăjite

INSTRUCȚIUNI:

a) Pentru umplutură, acoperiți coacăzele în apă fierbinte și lăsați-le deoparte 10 minute pentru a se îngroșa. Se încălzește uleiul într-o tigaie, se adaugă ceapa, usturoiul și ardeiul iute zdrobit și se fierbe ușor timp de 6-7 minute până când ceapa este moale, dar nu se rumenește. Luați tigaia de pe foc și amestecați pesmetul, pătrunjelul, anșoa, caperele, coaja și sucul de portocale, brânza și nucile de pin. Scurge bine coacazele si amesteca, apoi asezoneaza dupa gust cu sare si piper.

b) Pune aproximativ 1½ linguri de umplutură de-a lungul capului fiecărei sardine și rulează-le spre coadă. Împachetați-le strâns în vasul de copt puțin adânc uns cu ulei .

c) Se condimenteaza usor pestele cu sare si piper, se mai stropeste putin ulei si se da la cuptor pentru 20 de minute. Se serveste la temperatura camerei sau rece ca parte a unui sortiment de antipasti.

21.Creveți picante în stil brazilian

INGREDIENTE:
- 2 kg de creveți Jumbo, decojiți și devenați
- 1 lingura usturoi tocat
- 1 lingură de ardei iute roșu cayenne tocați mărunt, fără semințe
- ½ cană ulei de măsline extravirgin, de preferință importat din Brazilia
- ½ cană ulei de măsline extravirgin
- Sos de ardei iute, dupa gust

INSTRUCȚIUNI:
a) Într-o tavă de copt de sticlă se amestecă creveții cu usturoiul, ardeiul iute și uleiul de măsline. Acoperiți și marinați, la frigider, timp de cel puțin 24 de ore. Preîncălziți grătarul sau broilerul și gătiți creveții, ungeți ocazional cu marinată, timp de 2 până la 3 minute pe fiecare parte.
b) Într-un castron mic amestecați ½ cană de ulei de măsline și sos de ardei iute, după gust.
c) Servește creveții fierbinți la grătar cu sosul de scufundare.

GARNITURĂ

22.Pozol

INGREDIENTE:
- 1-1/2 cani de ciupercă uscată
- 1/2 cană ceapă tocată
- 1/2 cană de ardei iute proaspăt verde New Mexico, Anaheim sau Poblano prăjite, decojite și tocate
- 1 lingurita de oregano din frunze uscate
- 1/4 cană roșii tocate
- 3/4 lingurita sare
- 1/2 lingurita piper negru proaspat macinat

INSTRUCȚIUNI:
a) Înmuiați hominy. Cu o zi înainte să plănuiți să serviți Pozole, puneți hominy într-un castron, acoperiți-l cu câțiva centimetri de apă și lăsați-l să se înmoaie la temperatura camerei timp de 24 de ore.
b) Gatiti Pozole. Scurgeți hominy și aruncați apa de înmuiat. Clătiți hominy, puneți-l într-o oală și acoperiți-l cu 2 inci de apă. Aduceți la fierbere, adăugați ingredientele rămase și fierbeți, parțial acoperit, până când sâmburii sunt al dente și par să spargă, aproximativ 2-2-1/2 ore.
c) Descoperiți oala și continuați să fierbeți până când aproape tot lichidul s-a evaporat.

23.Cactus cu figur la grătar

INGREDIENTE:
- 4 pâsle de pere de mârâi medii, dar subțiri Sare
- Spray de gatit

INSTRUCȚIUNI:
a) Porniți un foc cu cărbune sau lemne sau preîncălziți un grătar cu gaz la maxim.

b) Pregătiți cactusul. Îndepărtați orice țepi sau noduri de pe palete cu un cuțit de toaletă sau cu capătul unui curățător de legume, folosind clești și mare grijă să nu vă răniți de țepii. Tăiați și aruncați aproximativ 1/4 inch din perimetrul fiecărei palete. Faceți felii paralele pe palete pe lungime, la aproximativ 1 inch, de la vârfurile rotunjite până la aproximativ 2 inci de baza fiecărei palete. Aruncați paletele cu suficientă sare pentru a acoperi ambele părți și lăsați-le să stea timp de 15 minute într-o strecurătoare sau pe o farfurie.

c) Cactusul la grătar. Clătiți sarea, uscați cactusul și pulverizați generos ambele părți cu spray de gătit. Se prăjește pe ambele părți până se înmoaie și se servește cu alimente la grătar.

24.Ardei iute umplut

INGREDIENTE:
PENTRU CHILES
- 1 lingura ulei
- 2 căni de ceapă albă tăiată subțire
- 3 catei de usturoi, curatati de coaja si zdrobiti
- 2 linguri de pasta de tamarind dizolvata in 2 cani de apa fierbinte
- 1 cană melao (sirop de trestie) sau zahăr brun
- 1/2 linguriță de oregano din frunze uscate
- 1/2 lingurita de cimbru uscat
- 1/2 lingurita sare
- 8 ardei iute ancho medii până la mari, tăiați pe o parte, semințele îndepărtate

PENTRU Umplutura
- 4 căni de cartofi dulci prăjiți cu usturoi
- Morcovi prăjiți
- 2 uncii brânză de capră, rasă
- Ciupiți de sare
- 2 lingurite ulei de masline extravirgin

INSTRUCȚIUNI:
a) Pregătiți ardeii iute. Încinge uleiul la foc mic spre mediu într-o cratiță de mărime medie. Adăugați ceapa și gătiți până se rumenește ușor. Adăugați usturoiul și gătiți încă un minut.
b) Adăugați apa cu aromă de tamarind, melao, oregano, cimbru și sare.
c) Adăugați ardeiul ardei, acoperiți și gătiți la fiert timp de 10 minute.
d) Scoateți tigaia de pe foc, descoperiți și răciți cel puțin 10 minute.
e) Faceți umplutura. În timp ce ardeiul se răcește, combinați cartofii dulci și/sau morcovii și queso fresco sau panela. Se amestecă sarea și uleiul și se amestecă cu legumele.
f) Umpleți și serviți ardeiul iute. Folosind o lingură mare, scoateți ardeiul într-o strecurătoare și scurgeți-l timp de 5 minute.
g) Puneți cu grijă aproximativ 1/4 de cană de umplutură în fiecare chile și puneți câte 2 pe fiecare din cele patru farfurii. Peste fiecare porție se pune puțin din ceapă și se adaugă brânză. Se serveste la temperatura camerei.

25. Fasole în stil latino-american

INGREDIENTE:
- 1 lire sterline Fasole, uscată
- 1 Ceapa, taiata cubulete
- ¼ Piper verde, taiat cubulete
- 3 Caței de usturoi, tăiați cubulețe
- 8 uncii Sos de rosii
- 2 linguri Ulei de masline
- 2 lingurite Sare
- 1 lingurita Sare
- 2 căni Apă
- 1 cană Orez, cu bob lung

INSTRUCȚIUNI:

a) PREGĂTIȚI FASOLE: Înmuiați fasolea timp de cel puțin două ore (și peste noapte este în regulă). Schimbați apa și aduceți la fiert.

b) Adăugați ceapa, ardeiul și usturoiul; acoperiți și fierbeți timp de 1 oră.

c) Adăugați sosul de roșii, uleiul de măsline și sarea: acoperiți și fierbeți încă 1 oră.

d) Aduceți apa la fiert. Adăugați orezul și sarea.

e) Acoperiți și lăsați să fiarbă 20 de minute.

REȚEA

26.Ciorba galitiana

INGREDIENTE:
- ½ kilograme Fasole albă uscată; înmuiat peste noapte,
- Și drenat
- 1 lire sterline Pulpe de pui
- ½ kilograme Cârnați chorizo în stil spaniol sau latino-american; tăiat în bucăți de 1/2".
- ½ kilograme Şuncă; tocat
- ¼ de kilograme Carne de porc cu sare; tăiate cubulețe
- 1 mediu Ceapa galbena; decojite si tocate
- 3 Catei de usturoi; decojite si tocate
- 2 lingurite sos Worcestershire
- sos tabasco; câteva liniuțe după gust
- 2½ litri Apă
- ½ kilograme Cartofi; decojite, tăiate în sferturi,
- Și feliate
- ½ kilograme Varză verde; feliate subțiri
- 2 căni varză varză; tulpini dure îndepărtate,
- Și feliate subțiri
- ½ kilograme Napi; decojite, tăiate în sferturi,
- Și feliate
- Sare; la gust
- Piper negru proaspăt măcinat; la gust
- Mărar proaspăt tocat pentru decor; (optional)

INSTRUCȚIUNI:
a) Pune fasolea scursă, puiul, chorizo, şunca, carnea de porc sărată, ceapa, usturoiul, sosul Worcestershire, sosul Tabasco şi apa într-o oală de supă de 6 până la 8 litri.

b) Se aduce la fierbere, apoi se reduce la fierbere. Gatiti, acoperit, timp de 45 de minute.

c) Scoateți bucățile de pui din oală şi dezosați. Pune carnea deoparte şi aruncă oasele. Adăugați în oală restul de ingrediente, cu excepția sare, piper și pui. Se fierbe, acoperit, timp de 25 de minute, apoi se adaugă sare şi piper.

d) Întoarceți carnea de pui în oală şi fierbeți încă câteva minute. Acoperiți cu mărar opțional.

27. Porcă și fasole

INGREDIENTE:

- 1 lingura Ulei de rapita
- 6 Costite de porc
- 1 mediu Morcov -- cuburi de 1/2 inch
- 2 medii Ceapa -- cubulete
- 6 Caței de usturoi
- 3 foi de dafin
- 1 lingurita Oregano
- 1 lire sterline Cutie roșii întregi
- 1 mic Ardei Jalapeno -- tocat
- 2 lingurite Sare
- 1 lire sterline Fasole uscată
- 1 buchet Coriandru

INSTRUCȚIUNI:

a) Încinge uleiul într-o cratiță rezistentă. Cand este fierbinte adaugam carnea de porc intr-un singur strat si calim la foc mediu aproximativ 30 de minute, intorcand-o pana se rumeneste pe toate partile. Adăugați 4 căni de apă rece și toate ingredientele rămase, cu excepția frunzelor de coriandru tocate.

b) Aduceți la fierbere, reduceți focul la mic, acoperiți și fierbeți ușor timp de 1+¾ până la 2 ore, până când carnea este fragedă.

c) Împărțiți în patru farfurii individuale, stropiți cu frunzele de coriandru tocate și serviți cu orez galben.

28.roșie și orez

INGREDIENTE:
- ¼ cană Ulei de masline
- 2 căni Ceapa tocata
- 1 lingura Usturoi tocat
- 1 lire sterline Fasole roșie uscată; clătit, înmuiat; și scurs (până la)
- 5 căni Supa de pui
- 2 foi de dafin
- 1 Bucata baton de scortisoara
- Sos de ardei iute dupa gust

INSTRUCȚIUNI:
a) Încinge uleiul într-o cratiță mare și grea. Se adaugă ceapa și se călește, amestecând, până se îmbracă cu ulei. Acoperiți și gătiți la foc foarte mic, amestecând din când în când, până se rumenesc, aproximativ 15 minute. Se amestecă usturoiul și se călește, neacoperit timp de 3 minute.

b) Adăugați fasolea și bulionul la ceapă. Se încălzește până la fierbere și se fierbe, acoperit, la foc mic timp de 2 ore. Adăugați frunzele de dafin și scorțișoara. Acoperiți și continuați să gătiți până când fasolea este foarte fragedă, încă aproximativ 1 oră.

c) Asezonați cu sare și sos de ardei roșu iute. Fasolea poate fi preparată cu până la 24 de ore înainte de servire. Reîncălziți adăugând bulion suplimentar dacă este necesar.

29.R gheata cu mazare porumbei

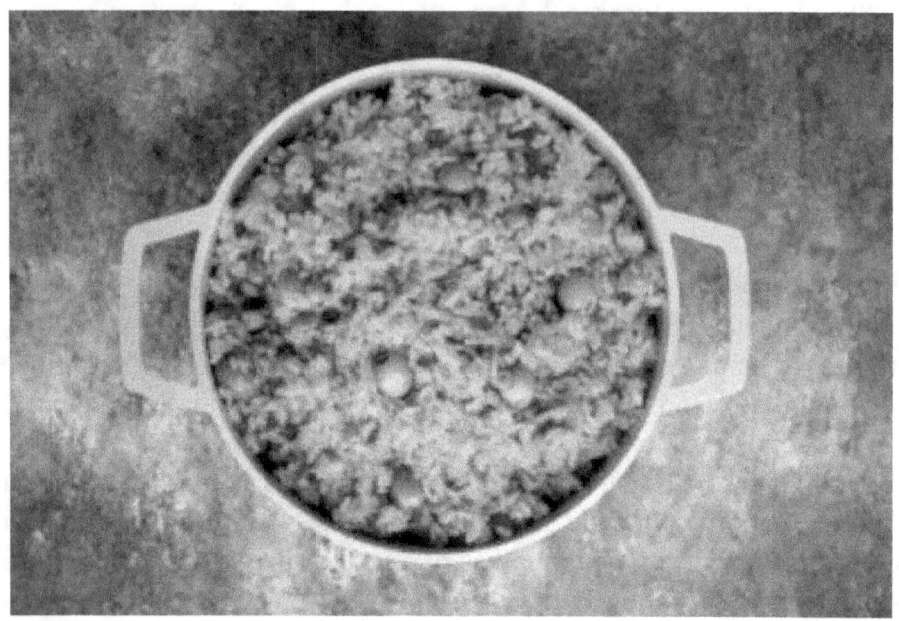

INGREDIENTE:
- ½ kilograme Gandulele uscate (mazare porumbeii); clătită
- 3 căni Apă
- 1-uncie Carne de porc cu sare; tocat marunt
- 2 Catei de usturoi; decojite și zdrobite
- 1 lingura Ulei de masline
- 1 mediu Ardei gras roșu; miez, însămânțat,
- Și tocat mărunt
- 1 mediu Ardei gras verde; miez, însămânțat,
- Și tocat mărunt
- 1 mediu Ceapa galbena; tocat marunt
- 1 mediu Roșie; tocat marunt
- 1 lingura Ulei de Anatto
- 1 cană Orezul convertit al unchiului Ben
- Piper negru proaspăt măcinat; la gust
- 2 căni Apă rece
- Sare; la gust

INSTRUCȚIUNI:
a) Într-o oală mică aduceți gandulele și 3 căni de apă la fiert. Acoperiți, opriți focul și lăsați să stea 1 oră.
b) Scurgeți mazărea, rezervând apa. Intr-o oala de 6 litri se caleste carnea de porc sarata, sunca si usturoiul in ulei de masline pentru cateva minute. Adăugați atât ardeiul gras, cât și ceapa, acoperiți și gătiți la foc mediu până când ceapa începe să devină transparentă.
c) Adăugați roșia, gandulele scurse și 1½ cană de apă rezervată. Se fierbe, acoperit, la foc mic, timp de 15 minute, până când mazărea este aproape fragedă și cea mai mare parte a lichidului dispare.
d) Se amestecă uleiul de Annatto, orezul, piper negru și 2 căni de apă rece.
e) Se aduce la fierbere și se fierbe, acoperit, timp de 15 până la 20 de minute, până când lichidul este absorbit și orezul este fraged. Adăugați sare dacă este necesar.

30.S fructe de mare asopado

INGREDIENTE:
- 1 Ceapă; tăiate cubulețe
- 1 Ardei roşu; tăiate cubulețe
- 1 Ardei verde; tăiate cubulețe
- 2 Bucăți de țelină; tăiate cubulețe
- Coji de creveți din vas de orez
- Scoici de homar din preparate cu orez
- ½ cană vin alb
- ½ cană Sos de rosii
- 2 litri Apă
- 1 Ceapă; tăiate cubulețe
- 1 Ardei roşu; tăiate cubulețe
- 1 Ardei verde; tăiate cubulețe
- 2 Ardei copti; tăiate cubulețe
- 2 căni Orez
- 8 căni Stoc de fructe de mare
- ½ kilograme Carne de crab
- 1 praf Şofran
- 1 lire sterline Homar; aburit
- ½ kilograme Crevetă
- ½ cană Mazăre dulce

INSTRUCȚIUNI:

a) Puneți ceapa, ardeiul și țelina. Adăugați cojile și gătiți timp de 5 minute. Adăugați vin alb și sos de roșii. Adăugați apă și fierbeți timp de 45 de minute. Se strecoară și se rezervă stoc.

b) Căleți ceapa, ardeii și adăugați ardei prăjiți. Se adaugă orezul și se căleşte până devine translucid

c) Adăugați bulion de fructe de mare, carne de crab și gătiți şofranul aproximativ 15 minute la foc mic. Adăugați homarul, creveții și mazărea dulce. Se încălzește cu 3 minute înainte de servire

31.Chorizo vegan de casă

INGREDIENTE:
- 1 bloc (12 oz.) Tofu, foarte ferm
- ½ lb. Ciuperci, tocate fin
- 6 Chile guajillo, uscate, însămânțate
- 2 Chile ancho, uscate, însămânțate
- 4 Chile de Arbol, uscat
- 4 catei de usturoi
- 1 lingura. Oregano, uscat
- ½ linguriță. Chimen, măcinat
- 2 cuișoare, întregi
- 1 lingura. Boia, măcinată
- ½ linguriță. Coriandru, măcinat
- 2 linguri. Ulei vegetal, optional

INSTRUCȚIUNI:

a) Scoateți tofu din ambalaj și puneți-l între două farfurii mici. Pune o cutie peste farfurii si lasa asa 30 min.

b) Aduceți o oală mică cu apă la fiert. Scoateți tulpinile și semințele din ardei iute și aruncați-le. Puneți ardeii iute în apă clocotită. Reduceți căldura la cea mai scăzută setare și lăsați ardeiul să stea în apă timp de 10 minute.

c) Scoateți ardeiul ardei din apă și puneți-l în blender. Rezervați ½ cană de lichid de înmuiere pentru chile.

d) Adăugați usturoiul, oregano, chimen, cuișoare, boia de ardei, coriandru și ¼ de cană de lichid de înmuiat în blender și procesați până la omogenizare. Dacă este necesar, adăugați ¼ de cană rămasă de lichid de înmuiat pentru a face lucrurile să se miște în blender.

e) Se condimentează amestecul de chile cu sare și piper și se trece printr-o strecurătoare fină. Pus deoparte.

f) Scurgeți apa din tofu și sfărâmăm cu mâinile într-un castron mare. Turnați jumătate din amestecul de piure de ardei iute în vasul cu tofu și amestecați pentru a se combina. Pus deoparte.

g) Încinge o tigaie mare la foc mare și adaugă 1 lingură. de ulei. Odată ce uleiul este fierbinte adăugați ciupercile tocate mărunt și continuați să fierbeți până când ciupercile încep să se rumenească, aproximativ 6-7 min.

h) Reduceți focul la mediu-mic și turnați jumătate din amestecul de ardei iute. Amestecați și continuați să gătiți timp de 3-4 minute, până când ciupercile încep să absoarbă amestecul de chile. Scoateți din tavă și puneți într-un castron mare.

i) Se încălzește o tigaie antiaderentă la foc mediu, se adaugă 1 lingură. de ulei. Adăugați amestecul de tofu și continuați să gătiți până când lichidul începe să se evapore și tofu devine crocant, 7-8 minute. Puteți face tofu cât de crocant doriți. (Aveți grijă să nu supraaglomerați tigaia, altfel tofu nu va deveni niciodată crocant.)

j) Se toarnă amestecul de tofu gătit în bolul cu ciupercile și se amestecă bine pentru a se combina. Reglați condimentul.

32.Torta Ahogada

INGREDIENTE:
TORTAS:
- 2 rulouri Bolillo sau baghete lungi de 6 inchi, împărțite în jumătate
- 1 cană de fasole prăjită, folosind fasole neagră
- 1 avocado Hass copt, fără sâmburi, decojit

SOS:
- 30 Chiles de Arbol, tulpini, însămânțate și rehidratate
- 3 catei de usturoi
- 1 cană de apă
- 1 lingura Oregano uscat în stil latino-american
- 1/2 linguriță. Chimen măcinat
- 1/2 linguriță. Piper negru proaspăt măcinat
- 1/8 linguriță. Cuișoare
- 1 lingura Sare

GARNITURILE:
- 2 ridichi, feliate subțiri
- 8 până la 12 cepe albe murate, separate în rondele
- felii de lime

INSTRUCȚIUNI:
TORTAS
a) Prăjiți ușor rulourile sau baghetele. Se încălzește fasolea și se întinde uniform în fiecare rulou. Adăugați feliile de avocado. Pune sandvișurile în boluri.

SOS:
b) Într-un blender sau într-un robot de bucătărie, piureați chiles de arbore rehidratați, usturoi, apă oregano în stil latino-american , chimen, piper, cuișoare și sare. (Se strecoară dacă doriți un sos foarte fin.)

c) Turnați sosul peste sandvișuri. Ornați sandvișurile cu ridichile feliate și ceapa murată și serviți cu felii de lime. Mănâncă aceste torte cu o furculiță și o mulțime de șervețele.

33.Orez orfan

INGREDIENTE:
- Orez cu șofran
- 1 lingură înlocuitor de ulei de gătit
- 1/2 cană de migdale felii albite
- 1/3 cană nuci de pin
- 3 uncii șuncă cu conținut scăzut de sodiu, tocată mărunt

INSTRUCȚIUNI:
a) Se călesc nucile. În timp ce orezul cu șofran se gătește, încălziți o tigaie la foc mediu. Adaugam uleiul de gatit, iar cand s-a topit adaugam nucile.
b) Se călesc nucile, amestecand continuu, pana migdalele incep sa devina aurii. Luați tigaia de pe foc, adăugați șunca și lăsați deoparte.
c) Terminați orezul. După ce adăugați pătrunjelul în orezul cu șofran, adăugați nucile și șunca fierte, acoperiți oala și lăsați orezul să se aburească în ultimele 10 minute.

34. Fasole în oală

INGREDIENTE:
- 4 litri de apă
- 3 linguri sare
- 1 kilogram pinto sau fasole neagră
- 3 catei de usturoi, tocati
- 1/3 cana ceapa alba tocata
- 1 lingurita de oregano din frunze uscate
- 1 litru de apă, plus puțin mai mult, dacă este necesar
- 2 crengute epazot (optional cu fasole neagra)
- Sarat la gust

INSTRUCȚIUNI:
a) Încălziți și înmuiați fasolea. Pune cele 4 litri de apă, sare și fasole într-o oală.
b) Aduceți la fierbere complet, acoperiți oala, luați-o de pe foc și lăsați fasolea să stea timp de 1 oră.
c) Aruncați apa de înmuiere, clătiți bine fasolea, clătiți oala și întoarceți fasolea în ea.
d) Terminați fasolea. Puneți usturoiul, ceapa, oregano și 1 cană de apă într-un blender și faceți piure. Adăugați încă 3 căni de apă și amestecați pentru scurt timp.
e) Se toarnă lichidul amestecat în oala cu fasole, se aduce la fierbere și se adaugă epazotul, dacă se folosește. Fierbeți fasolea, acoperită, cu excepția a aproximativ 1/2 inch, sau doar suficient pentru a permite aburului să scape, până când sunt fragede.

35.Charro sau fasole beată

INGREDIENTE:
- Fasole în oală
- 1/2 lingura ulei de masline extravirgin
- 1-1/2 uncii (aproximativ 3 linguri) chorizo în stil latino-american, decojit și tocat fin
- 3/4 cană ceapă albă tocată
- 2 catei de usturoi, tocati marunt
- 1 lingură de chile Serrano tocat mărunt
- 1 cană roșii zdrobite
- 1/2 lingura de oregano din frunze uscate
- 1/4 ceasca de coriandru impachetat

INSTRUCȚIUNI:
a) Se caleste si se adauga legumele. Când Fasole în oală sunt aproape gata, încălziți uleiul de măsline într-o tigaie la foc mediu. Adăugați chorizo și gătiți până când cea mai mare parte a grăsimii s-a făcut. Adăugați ceapa, usturoiul și chile și continuați să gătiți până când încep să se înmoaie.
b) Adăugați roșiile și oregano și continuați să gătiți până când roșiile zdrobite încep să se îngroașă și să-și piardă gustul mic, aproximativ 5 minute.
c) Adăugați coriandru și apoi turnați conținutul tigaiei în fasole.
d) Terminați fasolea. Adăugați sarea și fierbeți timp de 5 minute.

36. Boabe de fasole prăjite

INGREDIENTE:

- 2 cesti Fasole în oală facute cu fasole pinto sau neagra, sau fasole usor sarata sau nesarata, bulion rezervat
- 1 cană bulion de fasole
- 2 linguriţe tocate, chipotle chile
- 1/2 lingurita de chimen macinat
- 1/2 linguriţă de oregano din frunze uscate
- 2 linguri ulei de masline extravirgin
- 2 catei de usturoi, tocati

INSTRUCŢIUNI:

a) Procesaţi fasolea. Pune fasolea într-un robot de bucătărie şi adaugă bulionul, chipotle chile, chimenul şi oregano. Procesaţi până când fasolea este netedă, adăugând mai mult bulion dacă par prea groase.

b) Gatiti fasolea. Încinge o tigaie la foc mediu şi adaugă grăsimea sau uleiul. Adăugaţi usturoiul şi lăsaţi-l să fiarbă doar câteva secunde, apoi adăugaţi fasolea piure. Gatiti, amestecand continuu, pana cand fasolea este incalzita si la fel de groasa sau subtire dupa cum va place.

c) Serviţi deasupra cu brânză, dacă doriţi.

37. Fasole în stil Santa Maria

INGREDIENTE:
- 1 kilogram de fasole pinquito, înmuiată
- 1 lingura ulei de masline extravirgin
- 1/2 cană șuncă cu conținut scăzut de sodiu, tăiată cubulețe de 1/4 inch
- 3 catei de usturoi, tocati
- 3/4 cană roșii zdrobite
- 1/4 cană Sos Chile
- 1 lingură nectar de agave sau zahăr
- 2 linguri patrunjel tocat

INSTRUCȚIUNI:
a) Gatiti fasolea. Scurgeți fasolea, puneți-le într-o oală și acoperiți-le cu apă cu aproximativ 1 inch. Aduceți la fierbere, acoperiți parțial oala și fierbeți până când sunt fragede, 45-90 de minute. Verificați-le frecvent, deoarece probabil va trebui să adăugați mai multă apă din când în când.
b) Pregătiți sosul de condimente.
c) Punem uleiul de masline intr-o tigaie la foc mediu si adaugam usturoiul si calim 1 minut. Se amestecă roșiile, sosul Chile, nectarul de agave și sarea și se fierbe sosul până când începe să se îngroașe, 2-3 minute.
d) Terminați fasolea. Când fasolea este fragedă, scurgeți tot, cu excepția aproximativ 1/2 cană de lichid și amestecați sosul de condimente. Gatiti fasolea timp de 1 minut, amestecati patrunjelul si serviti.

TACOS

38. Rajas cu Crema Tacos

INGREDIENTE:
UMPLERE:
- 5 ardei Poblano, prăjiți, decojiți, fără semințe, tăiați fâșii
- 1/4 apă
- 1 ceapă, albă, mare, feliată subțire
- 2 catei de usturoi, tocati
- ½ cană bulion sau bulion de legume

CREMA
- ½ cană migdale, crude
- 1 catel de usturoi
- ¾ cană apă
- ¼ cană lapte de migdale, ulei vegetal sau neîndulcit
- 1 lingura. Suc de lamaie proaspat

INSTRUCȚIUNI:
a) Încinge o tigaie mare la foc mediu, adaugă apă. Adăugați ceapa și transpirați timp de 2-3 minute sau până când este fragedă și translucidă.

b) Adăugați usturoi și ½ cană de supă de legume, acoperiți și lăsați să se aburească.

c) Adăugați ardeii Poblano și lăsați să fiarbă încă 1 minut. Asezonați cu sare și piper. Se ia de pe foc si se lasa putin sa se raceasca.

d) Puneți migdalele, usturoiul, apa, laptele de migdale și sucul de lămâie în blender și procesați până la omogenizare. Asezonați cu sare și piper.

e) Turnați crema de migdale peste umplutura răcită și amestecați bine.

39.Tacos Tinga cu cartofi dulci și morcovi

INGREDIENTE:
- 1/4 cană apă
- 1 cană ceapă albă tăiată subțire
- 3 catei de usturoi, tocati
- 2 1/2 cani de cartofi dulci rasi
- 1 cană morcov ras
- 1 conserve (14 oz.) roșii tăiate cubulețe
- 1 lingura Oregano în stil latino-american (opțional)
- 2 ardei chipotle in adobo
- 1/2 cană bulion de legume
- 1 avocado, feliat
- 8 tortilla

INSTRUCȚIUNI:
a) Într-o tigaie mare la foc mediu, adăugați apă și ceapa, gătiți timp de 3-4 minute, până când ceapa este translucidă și moale. Adăugați usturoiul și continuați să gătiți, amestecând timp de 1 minut.

b) Adăugați cartofi dulci și morcovi în tigaie și gătiți timp de 5 minute, amestecând des.

c) Sos:

d) Puneți roșiile tăiate cubulețe, supa de legume, oregano și ardeii chipotle în blender și procesați până la omogenizare.

e) Adăugați sos de roșii chipotle în tigaie și gătiți timp de 10-12 minute, amestecând din când în când, până când cartofii dulci și morcovul sunt fierți. Dacă este necesar, adăugați mai mult supă de legume în tigaie.

f) Serviți pe tortilla calde și acoperiți cu felii de avocado.

40.Tacos cu cartofi și chorizo

INGREDIENTE:
- 1 lingura. Ulei vegetal, optional
- 1 cană ceapă, albă, tocată
- 3 căni de cartofi, decojiți, tăiați cubulețe
- 1 cană chorizo vegan, fiert
- 12 tortilla
- 1 cană salsa ta preferată

INSTRUCȚIUNI:
a) Se încălzește 1 lingură. de ulei într-o tigaie mare la foc mediu-mic. Adăugați ceapa și gătiți până când devine moale și translucide, aproximativ 10 minute .
b) În timp ce se gătește ceapa, puneți cartofii tăiați într-o cratiță mică cu apă cu sare. Aduceți apa la fiert la foc mare. Reduceți focul la mediu și lăsați cartofii să se fiarbă 5 minute.
c) Scurgeți cartofii și adăugați-i în tigaia cu ceapa. Dați căldura la mediu-mare. Gatiti cartofii si ceapa timp de 5 minute sau pana cand cartofii incep sa se rumeneasca. Adăugați mai mult ulei dacă este necesar.
d) Adăugați chorizo gătit în tigaie și amestecați bine. Gatiti inca un minut.
e) Asezonați cu sare și piper.
f) Serviți cu tortilla calde și salsa la alegere.

41. Summer Calabacitas Tacos

INGREDIENTE:
- 1/2 cană bulion de legume
- 1 cană ceapă, albă, tăiată mărunt
- 3 catei de usturoi, tocati
- ¼ cană bulion de legume sau apă
- 2 dovlecei, mari, tăiați cubulețe
- 2 căni de roșii, tăiate cubulețe
- 10 tortilla
- 1 avocado, feliat
- 1 cană Salsa preferată

INSTRUCȚIUNI:
a) Într-o oală mare cu fundul greu, setați la foc mediu; transpirați ceapa în 1/4 de cană de bulion de legume timp de 2 până la 3 minute până când ceapa devine translucidă.

b) Adăugați usturoiul și turnați ¼ de cană de bulion de legume rămase, acoperiți și lăsați să se aburească.

c) Descoperiți, adăugați dovlecelul și gătiți timp de 3-4 minute, până când începe să se înmoaie.

d) Adăugați roșia și gătiți încă 5 minute, sau până când toate legumele sunt fragede.

e) Asezonați după gust și serviți pe tortilla calde cu felii de avocado și salsa.

42.Tacos cu dovlecel picant și fasole neagră

INGREDIENTE:
- 1 lingura. Ulei vegetal, optional
- ½ ceapă albă, feliată subțire
- 3 catei de usturoi, tocati
- 2 dovlecei în stil latino-american, mari, tăiați cubulețe
- 1 conserve (14,5 oz) de fasole neagră, scursă

SOS CHILE DE ARBOL:
- 2 - 4 Chile de Arbol, uscat
- 1 cană Migdale, crude
- ½ ceapă, albă, mare
- 3 catei de usturoi, nedecojiti
- 1 ½ cană bulion de legume, cald

INSTRUCȚIUNI:
a) Încinge ulei vegetal la foc mediu într-o tigaie mare. Adăugați ceapa și transpirați timp de 2-3 minute sau până când ceapa este fragedă și translucidă.
b) Adăugați cățeii de usturoi și gătiți timp de 1 minut.
c) Adăugați dovlecelul și gătiți până se înmoaie, aproximativ 3-4 minute. Adăugați fasolea neagră și amestecați bine. Mai lasam la fiert 1 minut. Asezonați cu sare și piper.
d) Pentru a face sosul: încălziți o grătar, comal sau tigaie din fontă la foc mediu-mare. Prăjiți ardei iute pe fiecare parte până se prăjește ușor, aproximativ 30 de secunde pe fiecare parte. Scoateți din tavă și lăsați deoparte.
e) Adăugați migdalele în tigaie și prăjiți până devin aurii, aproximativ 2 minute. Scoateți din tavă și lăsați deoparte.
f) Prăjiți ceapa și usturoiul până se carbonizează ușor, aproximativ 4 minute pe fiecare parte.
g) Pune migdalele, ceapa, usturoiul și ardeiul în blender. Adăugați bulionul de legume cald. Procesați până la omogenizare. Asezonați cu sare și piper. Sosul trebuie să fie gros și cremos.

43.Tacos cu carne de vită în stil bivoliță

INGREDIENTE:
- 1 kilogram carne de vită (95% slabă)
- 1/4 cană sos de ardei cayenne pentru aripile de bivol
- 8 scoici de taco
- 1 cană de salată verde tăiată felii subțiri
- 1/4 cană cu grăsime redusă sau dressing obișnuit de brânză albastră
- 1/2 cană morcov mărunțit
- 1/3 cana telina tocata
- 2 linguri coriandru proaspăt tocat
- Batoane de morcov și țelină sau crenguțe de coriandru (opțional)

INSTRUCȚIUNI:
a) Se încălzește o tigaie mare antiaderentă la foc mediu până se încinge. Adăugați carne de vită măcinată; gătiți 8 până la 10 minute, rupându-le în bucăți mici și amestecând ocazional. Scoateți din tigaie cu o lingură cu fantă; se toarnă picăturile. Întoarceți-vă la tigaie; se amestecă cu sosul de ardei. Gatiti si amestecati 1 minut sau pana se incalzeste.

b) Între timp, încălziți cojile de taco conform instrucțiunilor de pe ambalaj.

c) Turnați uniform amestecul de carne de vită în coji de taco. Adăugați salată verde; stropiți cu pansament. Acoperiți uniform cu morcov, țelină și coriandru. Se ornează cu bețișoare de morcov și țelină sau crenguțe de coriandru, dacă se dorește.

44.Înfăşura-uri cu taco de vită

INGREDIENTE:
- 3/4 de kilograme de carne de vită deli tăiată subțire
- 1/2 cană dip de fasole neagră fără grăsimi
- 4 tortilla mari (aproximativ 10 inci diametru) de făină
- 1 cană de salată verde tăiată felii subțiri
- 3/4 cană roșii tocate
- 1 cană de brânză condimentată taco măruntită, cu conținut scăzut de grăsimi
- Salsa

INSTRUCȚIUNI:
a) Întindeți uniform dip de fasole neagră peste o parte a fiecărei tortille.
b) Așezați roast beef deli peste dip de fasole, lăsând marginea de 1/2 inch în jurul marginilor. Presărați cantități egale de salată verde, roșii și brânză peste fiecare tortilla.
c) Îndoiți părțile din dreapta și din stânga spre centru, marginile suprapuse. Îndoiți marginea inferioară a tortillei peste umplutură și închideți-o.
d) Tăiați fiecare rolă în jumătate. Serviți cu salsa, dacă doriți.

45.Tacos cu carne de vită la grătar în stil Carnitas

INGREDIENTE:
- 4 fripturi de vită (aproximativ 8 uncii fiecare)
- 18 tortilla mici de porumb (6 până la 7 inci diametru)

TOppinguri:
- Ceapa alba tocata, coriandru proaspat tocat, felii de lime

MARINADA:
- 1 cană salsa de tomatillo preparată
- 1/3 cana coriandru proaspat tocat
- 2 linguri suc proaspăt de lămâie
- 2 lingurite de usturoi tocat
- 1/2 lingurita sare
- 1/4 lingurita piper
- 11/2 cani de salsa de tomatillo preparata
- 1 avocado mare, taiat cubulete
- 2/3 cană coriandru proaspăt tocat
- 1/2 cană ceapă albă tocată
- 1 lingură suc proaspăt de lămâie
- 1 lingurita de usturoi tocat
- 1/2 lingurita sare

INSTRUCȚIUNI:
a) Combinați ingredientele marinatei într-un castron mic. Puneți fripturile de vită și marinata într-o pungă de plastic pentru alimente; întoarce fripturile pentru a acoperi. Închideți bine punga și marinați la frigider între 15 minute și 2 ore.

b) Scoateți fripturile din marinadă; aruncați marinata. Puneți fripturile pe grătar peste cărbuni medii, acoperiți cu cenușă. Grătiți, acoperit, 10 până la 14 minute (la foc mediu pe grătarul cu gaz preîncălzit, 12 până la 16 minute) pentru o coacere medie rară (145°F) până la medie (160°F), întorcându-se ocazional.

c) Între timp, combinați salsa de avocado într-un castron mediu. Pus deoparte.

d) Așezați tortilla pe grătar. Puneți la grătar până când sunt calde și ușor carbonizate. Elimina; tine de cald.

e) Tăiați fripturile în felii. Serviți în tortilla cu salsa de avocado. Acoperiți cu ceapă, coriandru și felii de lime, după cum doriți.

46.Tarte minuscule cu carne de vita cu taco

INGREDIENTE:
- 12 uncii carne de vită tocată (95% slabă)
- 1/2 cană ceapă tocată
- 1 catel de usturoi, tocat marunt
- 1/2 cană sos taco ușor sau mediu preparat
- 1/2 lingurita de chimen macinat
- 1/4 lingurita sare
- 1/8 lingurita piper
- 2 pachete (2,1 uncii fiecare) mini-cochili de filo congelate (30 de coji în total)
- 1/2 cană de amestec de brânză în stil latino-american, mărunțit, cu grăsime redusă

TOppinguri:
- Salată verde mărunțită, struguri sau roșii cherry feliate, guacamole, smântână cu conținut scăzut de grăsimi, măsline coapte feliate

INSTRUCȚIUNI:
a) Încinge cuptorul la 350°F. Se încălzește o tigaie mare antiaderentă la foc mediu până se încinge. Adăugați carnea de vită, ceapa și usturoiul într-o tigaie mare antiaderentă, la foc mediu, timp de 8 până la 10 minute, împărțind carnea de vită în firimituri mici și amestecând ocazional. Se toarnă scurgerile, dacă este necesar.
b) Adăugați sos taco, chimen, sare și piper; gătiți și amestecați 1 până la 2 minute sau până când amestecul este încălzit.
c) Puneți cojile de filo pe tava de copt cu ramă. Puneti uniform amestecul de vita in coji. Acoperiți uniform cu brânză. Coaceți 9 până la 10 minute sau până când cojile sunt crocante și brânza este topită.
d) Acoperiți tartele cu salată verde, roșii, guacamole, smântână și măsline, după cum doriți.

47.O tigaie cu brânză pentru taco

INGREDIENTE:

- Carne de vită macră de 1 kilogram
- 1 ceapă galbenă mare, tăiată cubulețe
- 2 dovlecei medii, tăiați cubulețe
- 1 ardei gras galben, taiat cubulete
- 1 pachet condimente pentru taco
- 1 cutie de rosii taiate cubulete cu ardei iute verzi
- 1 1/2 cană cheddar mărunțit sau brânză Monterey Jack
- Ceapa verde pentru ornat
- Salată verde, orez, făină sau tortilla de porumb pentru servire

INSTRUCȚIUNI:

a) Se încălzește o tigaie mare antiaderentă la foc mediu până se încinge. Adăugați carne de vită, ceapa,

b) dovlecel și ardei galben; gătiți 8 până la 10 minute, rupându-le în bucăți mici și amestecând ocazional. Se toarnă scurgerile dacă este necesar.

c) Adăugați condimente pentru taco, 3/4 cană apă și roșii tăiate cubulețe. Dați focul la mic și fierbeți timp de 7 până la 10 minute.

d) Acoperiți cu brânză mărunțită și ceapă verde. Nu amestecați.

e) Când brânza este topită, serviți peste un pat de salată verde, orez sau în tortilla de făină sau porumb!

48.Tacos de stradă cu friptură de fustă

INGREDIENTE:
- 1 friptură, tăiată în bucăți de 4 până la 6 inci (1-1/2 până la 2 lire sterline), tăiată peste bob în fâșii subțiri
- 12 tortilla de porumb de șase inci
- 1/2 lingurita sare
- 1/4 lingurita piper cayenne
- 1/2 lingurita praf de usturoi
- 1/2 lingurita usturoi tocat
- 1 lingurita ulei
- 1 cană ceapă tăiată cubulețe
- 1/2 cană frunze de coriandru, tăiate grosier
- 2 căni de varză roșie feliată subțire

VINIGRETĂ DE LIM CLANTRO:
- 3/4 cană frunze de coriandru
- Suc de la 2 lime
- 1/3 cană ulei de măsline
- 4 lingurite de usturoi tocat
- 1/4 cană oțet alb
- 4 lingurite de zahar
- 1/4 cană lapte
- 1/2 cană smântână

INSTRUCȚIUNI:
a) Încinge uleiul la foc mediu. Asezonați friptura feliată cu sare, piper cayenne și pudră de usturoi. Adăugați friptura în tigaie și căleți până când este gătită (8 până la 10 minute). Adăugați usturoiul și prăjiți încă 1 până la 2 minute până când usturoiul este parfumat. Luați de pe foc și tăiați friptura.

b) Se amestecă toate ingredientele pentru vinaigretă. Adăugați amestecul într-un blender și pulsați până la omogenizare, aproximativ 1 până la 2 minute.

c) Umpleți tortilla de porumb încălzite (folosește două per taco) cu friptură, ceapă, coriandru tocat și varză. Stropiți cu vinegretă și serviți.

SUPE SI SALATE

49. Sopa Tarasca

INGREDIENTE:
PENTRU FÂNIILE DE TORTILLA
- 2 tortilla, tăiate în fâșii de aproximativ 2 inci lungime și 1/8 inch lățime
- ulei pentru prăjirea fâșiilor de tortilla

PENTRU SUPA
- 1 lingura ulei
- 2/3 cană ceapă albă tocată
- 2 catei de usturoi, tocati grosier
- 2-1/4 cani, rosii tocate nesarate cu suc
- 1 lingură pudră de chile ancho pur
- Aproximativ 5 căni de supă de pui cu conținut scăzut de sodiu
- 2 foi de dafin
- 1/2 linguriță de cimbru uscat întreg
- 1/4 lingurita maghiran
- 1/4 linguriță de oregano din frunze uscate
- 1 lingurita sare, sau dupa gust
- 1 cană queso fresco ras sau înlocuiți mozzarella proaspătă
- 2 ardei iute ancho, tulpinile și semințele îndepărtate, tăiate în jumătate și fierte în apă timp de 15 minute
- 1/4 cană smântână
- 1 ceapa verde, tocata (numai partea verde)

INSTRUCȚIUNI:
a) Prăjiți fâșiile de tortilla. Încălziți aproximativ 2 inci de ulei într-o oală de dimensiune medie la aproximativ 350 ° F. Prăjiți fâșiile de tortilla până devin crocante. Scurgeți pe prosoape de hârtie și rezervați.

b) Faceți supa. Încinge o tigaie la foc mediu, adaugă uleiul și căliți ceapa și usturoiul până când ceapa este moale, dar nu se rumenește, 4-5 minute. Pune-le intr-un blender; adăugați roșiile cu sucul lor și pudra de chile și faceți piure.

c) Adăugați o ceașcă sau 2 de bulion (indiferent ce va găzdui blenderul), pulsați pentru a amesteca, apoi turnați amestecul într-o oală.

d) Adăugați bulionul rămas, foile de dafin, cimbru, maghiran, oregano și sare în oală. Se aduce la fierbere și se fierbe timp de 15 minute.

e) Serviți supa. Puneți 1/4 cană de brânză și 1/2 chile ancho moale în fiecare dintre cele patru boluri. Puneți supa peste brânză și acoperiți-o cu smântână, fâșii de tortilla și ceapă verde.

50.Supă de fasole neagră

INGREDIENTE:
- 1/2 lingura ulei de masline extravirgin
- 1/2 cană ceapă albă tocată
- 3 catei de usturoi, tocati grosier
- 1 chile ancho foarte mic, fără sămânță și rupt în bucăți mici, sau 1/2 chile mai mare
- 1 lingurita chile chipotle tocat
- 1 cutie (15 uncii) de fasole nesara nesarata, inclusiv 1/2 lingurita de sare lichida
- 3 căni de supă de pui cu conținut scăzut de sodiu
- 1/4 lingurita chimen macinat
- 1/2 lingura coriandru tocat
- 1 crenguță epazot (opțional)
- 1/2 lingurita boia dulce afumata spaniola 1/2 lingurita sare, daca se foloseste fasole nesarata 1/4 lingurita piper negru macinat fin 1 lingurita suc de lamaie proaspat stors
- 1 lingură sherry uscat

INSTRUCȚIUNI:
a) Faceți supa. Încinge uleiul de măsline într-o oală de mărime medie la foc mediu până când strălucește. Adăugați ceapa și gătiți până devine moale, dar nu se rumenește.
b) Adăugați usturoiul și gătiți încă un minut, apoi adăugați ambii ardei iute și continuați să gătiți, amestecând frecvent, 1-1/2-2 minute.
c) Adăugați ingredientele rămase, cu excepția sucului de lime și sherry, aduceți la fierbere, acoperiți parțial și fierbeți timp de 10 minute.
d) Lăsați amestecul să se răcească. Îndepărtați și aruncați epazotul dacă l-ați folosit. Turnați ingredientele într-un blender și amestecați timp de 2 minute, sau până se face piure, în 2 reprize dacă este necesar.
e) Întoarceți supa în oală, aduceți la fiert, adăugați sucul de lămâie și sherry și serviți.

51. Supă în stil tlapan

INGREDIENTE:

- 2 roșii, la grătar
- 6 căni de bulion de pui cu conținut scăzut de sodiu
- 1/2 kilogram de piept de pui dezosat si fara piele 1 lingura ulei de masline extravirgin 1 cana ceapa alba tocata marunt
- 2 catei de usturoi, tocati
- 3/4 cana morcovi curatati si tocati marunt
- 1-1/2 cani de fasole garbanzo, scursa si clatita
- 1 cana dovlecel tocat marunt
- 1/2 cană mazăre verde congelată, decongelată
- 1 chipotle chile uscat sau un chipotle plus 1 lingurita sos adobo
- 1 lingurita suc de lamaie proaspat stors 1/4 lingurita piper negru macinat fin 1/4 lingurita sare, sau dupa gust
- 1 avocado mediu copt, tăiat în bucăți de 1/2 inch 1/4 cană brânză cotija rasă (opțional) felii de lime

INSTRUCȚIUNI:

a) Pregătiți roșiile. Se pasează roșiile în piure într-un blender sau robot de bucătărie și se strecoară prin lama fină a unei mori alimentare sau se împinge printr-o strecurătoare. Rezervă.

b) Gatiti si maruntiti puiul. Puneți bulionul și pieptul de pui într-o oală mare, aduceți la fiert și gătiți doar până când puiul este gătit, aproximativ 10 minute. Scoateți puiul și rezervați bulionul.

c) Când puiul s-a răcit suficient pentru a fi manevrat, mărunțiți-l și împărțiți-l în patru boluri cu supă.

d) Faceți supa. Încinge o oală mare la foc mediu. Adăugați uleiul de măsline și ceapa și căleți până când ceapa începe să se rumenească, aproximativ 5 minute. Adăugați usturoiul și gătiți încă 1 minut. Adăugați bulionul rezervat și ingredientele rămase, cu excepția avocado-ului și a brânzei, și fierbeți 8-10 minute.

e) Terminați și serviți supa. Scoateți ardeiul și puneți supa peste puiul fiert. Adăugați porții egale de avocado în fiecare bol și acoperiți cu puțină brânză, dacă doriți. Serviți cu felii de lime în lateral.

52.Supa Oraș

INGREDIENTE:

- 2-1/2 linguri ulei de gatit
- 4 uncii de cartofi decojiti si tocati
- 3-1/4 căni supă de pui cu conținut scăzut de sodiu
- 1 cana ceapa alba tocata
- 2 cani de dovlecel curatat si tocat
- 3/4 cană de chile Poblano prăjit, decojit, fără semințe și tocat
- 1/4 linguriță grămadă de cimbru uscat
- 1/4 linguriță de sare
- 3/4 cană lapte 2%.
- 2 uncii parte lapte degresat

INSTRUCȚIUNI:

a) Gatiti cartofii si faceti bulionul. Încinge o oală la foc mediu. Topiți 1/2 lingură de ulei de gătit și adăugați cartofii.

b) Sotește cartofii până încep să se înmoaie, dar nu-i lăsa să se rumenească, 4-5 minute. Adăugați 1-1/4 căni de bulion în oală, acoperiți și fierbeți timp de 5 minute.

c) Turnați bulionul și cartofii într-un blender, amestecați aproximativ 2 minute. Adăugați bulionul rămas și pulsați pentru a se combina.

d) Gatiti legumele. La foc mediu, topiți uleiul de gătit rămas în aceeași oală în care ați fiert cartofii. Se amestecă ceapa și dovlecelul și se fierbe până când ceapa este moale, dar nu se rumenește, aproximativ 5 minute.

e) Faceți supa. Adăugați restul de ardei iute, cimbru, sare și cartofi și bulion amestecați la legume și fierbeți timp de 5 minute. Se amestecă laptele și se fierbe încă 5 minute.

53. Salată de cartofi

INGREDIENTE:
PENTRU ENSEMARE
- 1/8 lingurita sare
- 1/4 lingurita piper
- 2 linguri ulei de masline extravirgin
- 1 lingura arpagic tocat marunt
- 1 lingura patrunjel tocat marunt
- 1 lingura coriandru tocat marunt

PENTRU SALATA
- 1-1/4 cani de morcovi decojiti taiati cubulete, bucati de 1/2 inch
- 2-1/2 căni de cartofi decojiți și tăiați cubulețe, bucăți de 1/2 inch
- 2 uncii chorizo, îndepărtat pielea, tocat fin
- 1 chile Serrano, semințele și venele îndepărtate, tocate
- 1 avocado mediu spre mare, tăiat în bucăți de 1/2 inch (opțional)

INSTRUCȚIUNI:
a) Faceți pansamentul. Într-un castron, amestecați sarea și piperul. Adăugați uleiul de măsline într-un flux lent, amestecând constant pentru a crea o emulsie, apoi adăugați arpagicul, pătrunjelul și coriandru și amestecați bine.

b) Gatiti cartofii si morcovii. Aduceți 6 căni de apă la fiert. Adăugați sarea și morcovii și fierbeți până când morcovii sunt foarte fragezi, dar nu moale. Scoateți morcovii fierți cu o strecurătoare și clătiți sub jet de apă rece pentru a opri gătirea.

c) Fierbeți cartofii în aceeași apă până când sunt foarte fragezi, dar nu moale și scurgeți într-o strecurătoare. Clătiți sub jet de apă rece pentru a opri gătitul.

d) Gatiti chorizo-ul. Încinge o tigaie antiaderentă la foc mediu și adaugă chorizo. De îndată ce începe să sfârâie, adăugați Serrano și continuați să gătiți, amestecând și rupând chorizo-ul cu o lingură de plastic sau de lemn, până când devine auriu și începe să devină crocant.

e) Terminați salata. Când chorizo-ul este gata, scoateți tigaia de pe foc. Se lasa sa se raceasca 1 minut apoi se adauga morcovii si cartofii rezervati.

f) Răzuiți totul într-un bol de mărime medie, adăugați dressingul și avocado, dacă folosiți, și amestecați ușor, dar bine.

54. Salata producatorului de tequila

INGREDIENTE:
PENTRU ENSEMARE
- 2 linguri sangrita
- 1 lingura plus 2 lingurite de suc de lamaie proaspat stors
- 1/4 cană ulei de măsline extravirgin
- Sarat la gust
- 3/4 lingurita piper negru proaspat macinat, sau dupa gust

PENTRU SALATA
- 1 cană de nopalitos, curat în sare sau fiert până se înmoaie
- 2 cani de fasole garbanzo, clatite si scurse
- 2 căni de spanac proaspăt, ambalate
- 1 roșie mare, tăiată în bucăți mici
- 1 avocado mare sau 2 mici, tocate
- 2 cepe verde, tocate mărunt
- 1/4 cană coriandru tocat
- 4 uncii queso fresco

INSTRUCȚIUNI:

a) Faceți pansamentul. Într-un castron mic spre mediu, amestecați sangrita și sucul de lime.

b) Continuați să amestecați energic în timp ce adăugați uleiul de măsline într-un flux lent, până când dressingul se emulsionează. Se amestecă sarea și piperul.

c) Faceți salata. Combinați toate ingredientele pentru salată într-un castron mare. Adăugați dressingul și amestecați bine.

55.Salată de varză

INGREDIENTE:
PENTRU ENSEMARE
- 2 linguri plus
- 2 lingurite sare
- 1/2 lingurita piper negru macinat fin 1/3 cana ulei

PENTRU SLAW
- 12 uncii de varză verde tăiată foarte fin sau mărunțită
- 6 uncii de varză mov feliată sau mărunțită foarte fin
- 4 uncii morcovi mărunțiți decojiți

INSTRUCȚIUNI:

a) Faceți pansamentul. Se amestecă sarea și piperul, apoi se amestecă uleiul într-un flux lent.

b) Faceți salată. Combinați Ingrediente de slaw într-un castron mare și amestecați cu dressingul. Lăsați salata la temperatura camerei timp de 3 până la 4 ore, amestecând-o la fiecare jumătate de oră. La sfârșitul acestui timp, varza se va fi înmuiat și aromele s-au topit.

c) Se toarnă salata într-o strecurătoare mare pentru a scurge excesul de lichid (și sarea) și se pune la frigider până când este gata de servire, eliminând orice exces de lichid din când în când.

d) Slaw se păstrează, la frigider, aproximativ o săptămână.

PÂINE PRĂJITĂ

56.Pâine prăjită de pui la grătar

INGREDIENTE:

- 1 conserve (14½ uncii) de roșii tăiate cubulețe cu usturoi și ceapă
- 1 conserve (15 uncii) fasole pinto, scursă
- 2 lingurite jalapeno tocat (optional)
- ½ linguriță de chimion măcinat
- 1 cană cuburi de pui sau curcan la grătar
- 4 tortilla de făină
- ½ cană brânză cheddar ascuțită, mărunțită
- Salsa (pentru servire)
- Salată verde mărunțită și avocado tăiat cubulețe (garnituri opționale)

INSTRUCȚIUNI:

a) Într-o tigaie, combinați roșiile tăiate cubulețe, fasolea pinto scursă, jalapeno tocat (dacă este folosit) și chimenul măcinat. Adăugați puiul sau curcanul la grătar tăiați cubulețe în amestec.
b) Încinge tigaia la foc mediu aproximativ 5 minute sau până când amestecul se îngroașă.
c) Aranjați tortillale de făină într-un singur strat pe un grătar peste cărbuni medii.
d) Întindeți aproximativ ¾ de cană din amestecul de pui peste fiecare tortilla.
e) Acoperiți fiecare tortilla cu brânză cheddar mărunțită.
f) Repetați acest proces cu ingredientele rămase.
g) Gatiti paine prajită pe gratar aproximativ 3 minute sau pana cand fundul tortilla se rumeneste si branza se topeste.
h) Serviți pâine prăjită de pui la grătar cu salsa.
i) Opțional, se ornează cu salată verde mărunțită și avocado tăiat cubulețe.
j) Bucurați-vă de Pâine prăjită cu pui la grătar!

57.California Turcia Pâine prăjită

INGREDIENTE:
- 1 kg de curcan măcinat
- 1 lingura ulei
- ½ cană ceapă tocată
- ½ lingurita sare
- ⅛ linguriță de piper
- ⅛ linguriță de usturoi pudră
- Cutie de 4 uncii de ardei iute verde tăiat cubulețe
- 1½ cani de brânză cheddar mărunțită (6 uncii)
- 4 coji de pâine prăjită (sau prăjiți tortilla de porumb în ¼ de cană de ulei până devin crocante)
- 4-5 căni de salată verde mărunțită
- ½ cană roșii tocate
- ¼ cană smântână
- ¼ cană măsline felii

INSTRUCȚIUNI:
a) Într-o tigaie, rumeniți curcanul măcinat în ulei până devine sfărâmicios.
b) Adăugați ceapa tocată și căleți-o ușor cu curcanul.
c) Se amestecă sarea, piperul, pudra de usturoi, ardei iute verde tăiat cubulețe și 1 cană de brânză cheddar mărunțită. Gatiti pana cand branza se topeste si amestecul este bine combinat.
d) Așezați fiecare coajă de pâine prăjită pe o farfurie.
e) Acoperiți fiecare coajă de pâine prăjită cu salată verde mărunțită.
f) Turnați uniform amestecul de curcan pe salată verde.
g) Presărați brânza cheddar mărunțită rămasă deasupra amestecului de curcan.
h) Ornați fiecare pâine prăjită cu roșii tocate, o praf de smântână și măsline felii.
i) Bucurați-vă de pâine prăjită cu curcan din California!

58.Pizza Pâine prăjită cu carne de vită și fasole

INGREDIENTE:
PENTRU CRASTĂ:
- 1¼ cani de faina
- 1 lingurita praf de copt
- ½ lingurita sare
- ½ cană lapte
- 2 linguri ulei vegetal

PENTRU GARNITURILE:
- 1 kg carne de vită tocată
- 1¾ uncie amestec de condimente pentru taco
- 1 conserve de fasole prajita
- 1 cană de brânză americană măruntită
- 8 uncii sos taco
- 4 uncii ardei iute verde tocat
- ½ cană ceapă tocată
- ½ ceasca rosii tocate
- 1 cană salată verde măruntită

INSTRUCȚIUNI:
a) Preîncălziți cuptorul la 425°F (220°C).
b) Într-un castron, combinați făina, praful de copt, sarea, laptele și uleiul vegetal. Se amestecă până când amestecul curăță părțile laterale ale vasului. Presați aluatul într-o bilă și frământați-l în bol de aproximativ 10 ori.
c) Întindeți aluatul pe o placă ușor făinată pentru a forma un cerc de 13 inci. Așezați-o pe o tavă pentru pizza sau o foaie de copt și întoarceți-le marginile, ciupindu-le pentru a forma o crustă.
d) Coaceți crusta în cuptorul preîncălzit timp de 5 minute.
e) În timp ce crusta se coace, pregătiți carnea de vită în conformitate cu recomandările din amestecul de condimente pentru taco.
f) Odată ce crusta este parțial coptă, întindeți peste ea fasolea prăjită.
g) Acoperiți fasolea cu amestecul de carne de vită gătită.
h) Presărați brânza americană măruntită peste carne.
i) Coaceți încă 2 minute sau până când brânza este topită și clocotită.
j) Scoateți pizza din cuptor și acoperiți-o cu sos taco, ardei iute verde tocat, ceapă tocată, roșii măruntite și salată verde măruntită.
k) Tăiați și serviți pizza Pâine prăjită.
l) Bucurați-vă de pizza Pâine prăjită cu amestecul său delicios de arome!

59.Pâine prăjită cu picioare de porc

INGREDIENTE:
- 4 tortilla de porumb, prăjite până la un crocant auriu
- 1 ½ cană de fasole prăjită, încălzită
- 6 uncii picioare de porc murate (înlăturați oasele și unghiile de la picioare)
- 2 cani de salata verde maruntita, imbracata usor
- Câteva vârfuri de oregano uscat, mărunțit
- Sos chili iute (de exemplu, Tabasco sau similar)
- Brânză Jack mărunțită
- Ridichi, feliate

INSTRUCȚIUNI:
a) Întindeți fiecare tortilla de porumb prăjită cu un strat de fasole prăjită încălzită.
b) Presărați brânză Jack mărunțită peste fasole.
c) Prăjiți tortillale cu vârf până când brânza se topește și devine spumoasă.
d) Scoateți din cuptor și serviți imediat.
e) Acoperiți pâine prăjită cu picioare de porc murate, salată verde mărunțită și ridichi feliate.
f) Presărați câteva vârfuri de oregano uscat și mărunțit peste fiecare pâine prăjită.
g) Terminați cu un strop de sos chili iute (de exemplu, Tabasco) după gust.
h) Bucurați-vă de Pâine prăjită Tapatía, un preparat mexican unic și aromat, cu picioare de porc murate!

60.Chorizo, cartofi și morcovi Pâine prăjită

INGREDIENTE:
- 8 coji de tortilla pâine prăjită
- ½ cană de fasole prăjită
- ¾ cană umplutură de chorizo, cartofi și morcovi
- 1 cană salată verde mărunțită
- ¾ cană de roșii mărunțite
- 2 linguri de brânză de capră mărunțită
- Salsa

INSTRUCȚIUNI:
a) Pe fiecare din cele patru farfurii se aseaza 2 coji de pâine prăjită si se intinde pe fiecare aproximativ 2 linguri de fasole.
b) Acoperiți cu cantități egale de umplutură de chorizo, cartofi și morcovi, salată verde, roșii și brânză și serviți cu salsa.

61.Pâine prăjită de porc Picadillo

INGREDIENTE:
- 1 ceapa mare, tocata fin
- 2 catei de usturoi, tocati
- 2 linguri ulei vegetal
- 2 kilograme de carne de porc măcinată
- ⅓ cană stafide
- 1 ½ cană sos de roșii
- ½ cană măsline verzi umplute cu piment felii
- ¾ lingurita scortisoara
- ¼ linguriță cuișoare măcinate
- Ulei vegetal pentru prăjit tortilla
- Douăsprezece tortilla de porumb de 7 inci
- 3 căni de salată romaine mărunțită sau iceberg
- 1 ½ cană ceapă roșie feliată subțire sau ridichi rasă grosier

INSTRUCȚIUNI:
a) Într-o tigaie mare și grea, fierbeți ceapa și usturoiul în ulei la foc moderat, amestecând, până când ceapa se înmoaie.

b) Adăugați carnea de porc măcinată și gătiți la foc moderat, amestecând și rupând eventualele cocoloașe, până când carnea de porc nu mai devine roz. Îndepărtează orice exces de grăsime.

c) Adăugați stafidele, sosul de roșii, măslinele, scorțișoara, cuișoarele măcinate și sare și piper după gust. Fierbeți amestecul, amestecând ocazional, timp de 10 până la 15 minute sau până când se îngroașă. Picadillo poate fi făcut cu 1 zi înainte, păstrat acoperit și răcit și reîncălzit înainte de a continua.

d) Într-o tigaie, încălziți ¼ inch de ulei vegetal la foc moderat până când este fierbinte, dar nu fumează. Prăjiți tortillas, una câte una, timp de 30 de secunde până la 1 minut, sau până când sunt crocante și aurii.

e) Transferați-le cu clește pe măsură ce sunt prăjite pe prosoape de hârtie pentru a se scurge.

f) Aranjați cojile de pâine prăjită într-un singur strat pe platouri, împărțiți picadillo-ul între ele și acoperiți-l cu salată verde mărunțită și ceapă roșie feliată sau ridichi rasă.

g) Bucurați-vă de Picadillo Pâine prăjită!

DESERT

62.Flan cu brânză

INGREDIENTE:

- 4 Oua mari
- 1 poate (14 oz) lapte condensat; Îndulcit
- 1 poate (12 oz.) Lapte evaporat
- 6 uncii Cremă de brânză
- 1 lingurita Extract de vanilie

INSTRUCȚIUNI:

a) Se amestecă ouăle, laptele și vanilia împreună.
b) Se inmoaie crema de branza si se amesteca cu celelalte ingrediente.
c) Aveți grijă să nu amestecați în exces crema de brânză, altfel va provoca buzunare de aer în flan.
d) Pregătiți un caramel gătind ½ cană de zahăr la foc mic până când zahărul se lichefiază. Utilizați un recipient metalic pentru a face acest lucru.
e) Turnați doar suficient caramel în tigaie/ ramekin pentru a acoperi fundul.
f) Odată ce zahărul este tare, turnați aluatul pe care l-ați pregătit la pașii 1 și 2 în tigaie/ ramekin.
g) Puneți tigaia/ ramekinul la bain-marie. Tigaia/ ramekinul în care se află ingredientele trebuie să fie scufundate ¾ în apă.
h) Coaceți la 325 de grade Fahrenheit timp de aproximativ ½ oră. Flanul se face cand un cutit/scobitoarea introdusa in el iese curat.

63. Shot Paleta de pepene verde

INGREDIENTE:
- 4 căni de pepene verde tăiat cubulețe, fără semințe
- ½ cană Tequila, (Corralejo reposado)
- 3 linguri. Suc de lime, proaspăt
- ½ cană zahăr sau îndulcitor la alegere
- 10 lingurite Pudră de chile Tajin

INSTRUCȚIUNI:

a) Puneți pepenele verde, tequila, sucul de lămâie și zahărul în blender și procesați până la omogenizare.

b) Se pune 1 lingura. de pudră de chile în partea de jos a fiecărei forme pentru palete.

c) Turnați amestecul de pepene verde în forme, puneți capacele, introduceți bețișoare de popsicle și congelați peste noapte.

64. Carlota de Limon

INGREDIENTE:
- 1 pachet (16 oz). tofu de mătase (moale)
- 1/3 cană lapte de migdale, neîndulcit
- 1 cană de zahăr sau îndulcitorul tău preferat
- 1/3 cană suc de lamaie, proaspăt
- 2 pachete (maneci) biscuiti Vegan Maria

INSTRUCȚIUNI:
a) Pune tofu, zahăr și lapte de migdale în blender. Puneți blenderul la setarea scăzută și adăugați suc de lămâie treptat, până când amestecul se îngroașă și acoperă dosul unei linguri.

b) Tapetați fundul unui vas de sticlă 8×8 cu hârtie de copt, adăugați o cremă de lămâie și acoperiți-l cu un strat de prăjituri și turnați deasupra o parte din amestecul de cremă de lămâie; suficient pentru a le acoperi dar nu a le îneca.

c) Repetați acest proces adăugând un alt strat de fursecuri și acoperindo-o cu crema de lămâie, repetați până când tot amestecul de cremă de lămâie și fursecurile au fost epuizate.

d) NU APĂSAȚI JOS pe cookie-uri. Doriți un strat bun de cremă de lămâie între prăjituri și apăsați-le și împingeți crema de lămâie în lateral.

e) Pune prajitura la frigider pentru cel putin 4 ore sau pana se intareste.

f) Întoarceți vasul de copt într-o farfurie. Scoateți cu grijă pergamentul.

65. Mango și Chamoy Slushie

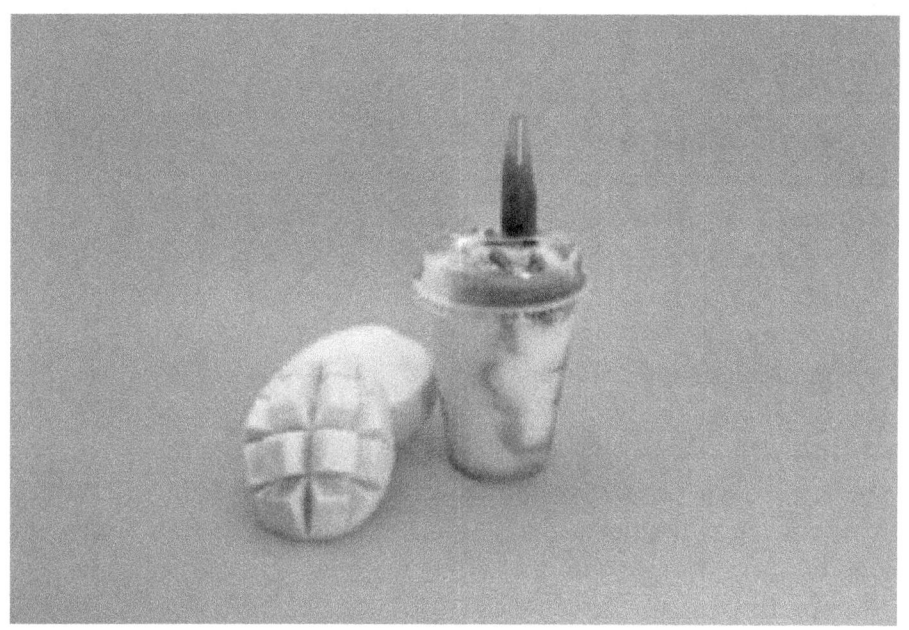

INGREDIENTE:
CHAMOY
- 1 cană Caise, uscate
- 2 căni de apă
- 2-3 linguri. Pulbere de ancho Chile
- 2 linguri. Suc de lime, proaspăt

SLUSHIE
- 1 cană + 2 linguri. Mango, tăiat cubulețe
- 1 cană de gheață
- 6 linguri. Chamoy
- 1 Lime, suc de
- Pulbere Chile după gust (tajín)

INSTRUCȚIUNI:
a) Pentru a face camoy, puneți caisele uscate și apa într-o cratiță și aduceți-o la fiert. Reduceți focul și fierbeți timp de 30 de minute. Pus deoparte.

b) Rezervați ¾ de cană de lichid de gătit caise.

c) Luați caisele fierte, lichidul de gătit rezervat, pudra de chile ancho, sucul de lămâie și amestecați până la omogenizare. Adăugați mai multă sau mai puțină apă pentru o consistență mai subțire sau mai groasă. (Am lăsat-o pe a mea puțin pe partea groasă.) Lasă-l să se răcească.

d) Pentru a face nămolul, puneți ½ cană de mango în fundul recipientului blenderului, adăugați un strat de gheață, continuați să alternați straturile în acest fel cu restul de gheață și 1 cană de mango.

e) Mixați la viteză medie până când rămâneți cu o consistență de nămol. Bucățile de gheață, deși mici, ar trebui totuși văzute.

f) Pentru a asambla, duceți la pahare și turnați o lingură. de camoy în fundul fiecăruia. Adăugați un strat de mango slushy, urmat de încă o lingură. de chamoy. Repetați încă o dată.

g) Se presara 1 lingura. de mango tăiat cubulețe pe vârful fiecărui nămol finit. Stoarceți jumătate de lime în fiecare pahar și acoperiți cu atâta pudră de chile doriți. Serviți cu o lingură și un pai.

66.Mousse de ciocolată

INGREDIENTE:
- 1 kilogram de tofu moale sau mătăsos
- 1 lingurita extract de vanilie
- 1 lingura miere
- 3/4 linguriță pudră de chile ancho 1/8 linguriță sare
- 1/4 linguriță grămadă de scorțișoară
- 5-1/4 uncii de ciocolată neagră tăiată în bucăți foarte mici
- 3 linguri Kahlua, Grand Marnier, Cointreau sau triple sec sau înlocuitor de suc de portocale

INSTRUCȚIUNI:
a) Pune tofu, vanilia, mierea, pudra de chile, sarea și scorțișoara în bolul unui robot de bucătărie prevăzut cu lamă de oțel.
b) Puneți un castron din oțel inoxidabil peste o oală de dimensiuni mici până la mijlocii cu apă clocotită. Adăugați ciocolata și lichiorul sau sucul de portocale în oală și amestecați des cu o lingură de lemn până când ciocolata se topește complet, 1-2 minute.
c) Adăugați amestecul de ciocolată în robotul de bucătărie și procesați cu celelalte ingrediente timp de 1 minut, oprindu-vă după cum este necesar pentru a răzui părțile laterale ale vasului. Turnați amestecul într-un castron mare sau în feluri de mâncare mici separate.
d) Acoperiți cu folie de plastic și răciți câteva ore.

67.Banane și mandarine cu sos de vanilie

INGREDIENTE:
PENTRU SOS DE CRÂNĂ
- 1/4 lingurita scortisoara
- 2 cani de lapte de soia cu aroma de vanilie
- 1 lingura ulei de gatit
- 2 linguri nectar de agave
- 1/2 lingurita extract de vanilie
- 1/4 lingurita sare

A TERMINA
- 3 căni de banane tăiate cubulețe
- 1 cană de mandarine

INSTRUCȚIUNI:

a) Faceți sosul de cremă. Pune scorțișoara într-o cratiță mică și amestecă laptele de soia câte câte 2 linguri până se omogenizează bine.

b) Se amestecă restul de lapte în jet subțire și se adaugă uleiul de gătit. Se aduce la fierbere și se fierbe până când se îngroașă până la consistența unei creme ușoare, aproximativ 10 minute.

c) Terminați desertul. Lăsați sosul să se gătească ușor și turnați-l peste fructele tăiate.

68. Sorbete de Jamaica

INGREDIENTE:
- 2-1/2 cani de frunze uscate de Jamaica (disponibile la magazinele hispanice)
- 1 litru de apă
- 1/2 uncie de ghimbir proaspăt, tocat fin 1 cană de zahăr
- 1 lingura suc de lamaie proaspat stors
- 2 linguri de limoncello

INSTRUCȚIUNI:

a) Faceți ceaiul. Puneți frunzele de Jamaica într-o oală sau castron, aduceți apa la fiert și turnați-o peste frunze. Acoperiți și lăsați la macerat timp de 15 minute. Strecurați ceaiul și aruncați Jamaica.

b) Faceți baza de sorbet. Pune ghimbirul într-un blender, adaugă 1 ceașcă de ceai și amestecă până se face piure complet, 1-2 minute. Adăugați încă 1-1/2 cani de ceai și amestecați din nou.

c) Turnați baza de sorbet într-o oală, adăugați zahărul și aduceți la fierbere, amestecând pentru a dizolva zahărul.

d) Scoateți oala de pe foc imediat ce baza de sorbet dă în clocot.

e) Se amestecă sucul de lămâie și se răcește. Pune baza la frigider până când ajunge la 60°F.

f) Congelați sorbetul. Adăugați limoncello la baza răcită și turnați-l într-un aparat de înghețată. Congelați conform instrucțiunilor producătorului până când este înghețat, dar încă nămol, 20-30 de minute.

69.Mango la gratar

INGREDIENTE:

- 4 mango coapte
- 3 linguriţe de nectar de agave sau înlocuitor de zahăr Spray de gătit
- felii de lime

INSTRUCŢIUNI:

Încingeţi un grătar la foc mare sau încălziţi o tigaie pentru grătar la foc mare.

a) Tăiaţi mango felii. Este întotdeauna dificil să ştii exact unde sunt seminţele de mango, aşa că încercarea şi eroarea este cea mai bună soluţie. Scopul este să tăiaţi mango-ul în bucăţi cât mai mari posibil, care să nu includă sămânţa. Puneţi un mango pe o parte şi tăiaţi-l în jumătate, decent, pentru a pierde sămânţa.

b) Tăiaţi celelalte trei părţi ale mango în acelaşi mod. Apoi, tăiaţi fructele în pătrate de aproximativ 1/2 inch.

c) Prin tăierea fructelor până la piele, dar nu prin el. Faceţi tăieturile la o distanţă de jumătate de inch, într-un sens, apoi faceţi acelaşi lucru în celălalt mod pentru a crea designul haşurat.

d) Pregătiţi mango feliat. Ungeţi puţin nectar de agave pe suprafeţele tăiate ale fiecărui mango, apoi pulverizaţi cu puţin spray de gătit.

e) Mango-ul la grătar, cu pulpa în jos, timp de un minut sau 2, sau doar până când sunt prăjiţi cu urme de grătar, dar nu le gătiţi până nu sunt moi şi complet încălzite.

f) Păstrarea texturii ferme şi a contrastului dintre suprafaţa fierbinte şi interiorul mai rece este importantă.

g) Serviţi mango-ul cu felii de lime.

70.Budincă rapidă de fructe

INGREDIENTE:
- 2 banane, decojite, tăiate rondele de 1/2 inch și congelate pe o foaie de folie de aluminiu
- 3 căni de mango decojit și tocat, sau alt fruct
- 2 linguri de suc de lamaie proaspat stors
- 2 lingurite nectar de agave
- 1/8 lingurita sare
- Frunze de menta

INSTRUCȚIUNI:
a) Pune toate ingredientele în bolul unui robot de bucătărie prevăzut cu lamă de oțel sau într-un blender și procesează până se lichefiază, omogen și crem.
b) Se orneaza cu menta.

71.Banane la grătar în sos de nucă de cocos

INGREDIENTE:
- 1/2 cană lapte de cocos
- 2 linguri nectar de agave
- 1 lingura apa
- 4 banane, decojite

INSTRUCȚIUNI:

a) Faceți sosul de cocos. Aduceți laptele de cocos și nectarul de agave la fiert într-o cratiță mică.

b) Bananele la gratar si servim. Încingeți un grătar sau o tigaie pentru grătar la foc mare.

c) Ungeți bananele cu puțin sos de nucă de cocos, rezervând restul, și puneți la grătar pe ambele părți până când au urme de grătar și abia încep să se înmoaie. Nu le gătiți prea mult sau se vor destrăma.

d) Serviți bananele acoperite cu puțin mai mult sos.

72.Sorbet de mango

INGREDIENTE:
- 2-1/2 căni de mango decojit, fără semințe și tocat
- 3-1/2 linguri de zahăr
- Puțin 2/3 cană apă
- 1/2 lingurita scortisoara
- 1/2 linguriță ienibahar măcinat
- 1 lingura de limoncello

INSTRUCȚIUNI:
a) Amestecă toate ingredientele până se face piure.
b) Turnați piureul într-un aparat de înghețată și congelați conform instrucțiunilor producătorului.
c) De obicei durează între 15 și 20 de minute.

73. Flan latin

INGREDIENTE:
- 1 cană lapte evaporat degresat
- 1 cană lapte 2%.
- 1/4 cană lapte condensat degresat
- 1 lingurita extract de vanilie
- 2 ouă mari
- 4 albușuri din ouă mari
- Spray de gatit
- 6 lingurite nectar de agave

INSTRUCȚIUNI:

a) Preîncălziți cuptorul la 325°F.

b) Faceți baza de flan. Combinați ingredientele, cu excepția spray-ului de gătit și a nectarului de agave, într-un blender și amestecați până se combină complet, aproximativ 1 minut.

c) Pregătiți flanul pentru copt. Pulverizați șase rame de 4 uncii pentru cuptor cu puțin spray de gătit și puneți-le într-o tavă de copt în care se potrivesc destul de strâns. Umpleți ramekins până la 1/4 inch de partea de sus cu baza de flan. Turnați suficientă apă de la robinet foarte fierbinte în vasul de copt pentru a ajunge la jumătatea părților laterale ale ramekinelor.

d) Coaceți flanul. Pune vasul de copt cu ramekinele umplute la cuptor pentru 40 de minute sau până când flanurile sunt întărite și ferme. Scoateți tava de copt din cuptor și ramekinele din vas.

e) Lăsați flanurile să se răcească, apoi acoperiți-le cu folie de plastic și dați-le la frigider până se răcesc. Serviți fiecare flan acoperit cu 1 linguriță de nectar de agave.

74. Prajituri de porumb fierte la abur

INGREDIENTE:
- 6 spice proaspete de porumb
- 1 ceapa, tocata marunt
- 2 linguri ulei vegetal
- 1 lingură pastă de ají amarillo (opțional, pentru un picant)
- 1 lingurita chimen macinat
- 1 lingurita boia
- Sare si piper dupa gust
- Coji de porumb, înmuiate în apă cel puțin 1 oră

INSTRUCȚIUNI:
a) Începeți prin a scoate cojile din spicele de porumb și a le pune deoparte. Cojiți cu grijă boabele de porumb de pe știuleți, asigurându-vă că colectați și tot laptele de porumb.
b) Într-un blender sau robot de bucătărie, amestecați boabele de porumb și laptele de porumb până obțineți un amestec omogen. Pus deoparte.
c)   Intr-o tigaie se incinge uleiul vegetal la foc mediu.
d)   Adăugați ceapa tocată și căleți până devine translucidă și parfumată.
e)   Adăugați în tigaie pasta de ají amarillo (dacă se folosește), chimen măcinat, boia de ardei, sare și piper. Se amestecă bine pentru a se combina și se fierbe încă un minut.
f)   Se toarnă amestecul de porumb amestecat în tigaie cu ceapa asezonată. Amestecați continuu pentru a preveni formarea de cocoloașe și gătiți aproximativ 10 minute până când amestecul se îngroașă.
g)   Luați tigaia de pe foc și lăsați amestecul să se răcească puțin.
h)   Luați o coajă de porumb înmuiată și puneți în centru aproximativ 2 linguri de amestec de porumb. Îndoiți coaja peste umplutură, creând un pachet dreptunghiular. Legați capetele cojii cu o fâșie subțire de coajă înmuiată sau sfoară de bucătărie pentru a fixa humita.
i)   Repetați procesul cu amestecul de porumb și cojile rămase până când tot amestecul este folosit.
j)   Umpleți o oală mare cu apă și aduceți-o la fiert. Puneți un coș de aburi sau o strecurătoare peste oală, asigurându-vă că nu atinge apa.
k)   Aranjați Humitas/Prăjiturile de porumb la abur învelite în coșul de aburi, acoperiți oala cu un capac și gătiți la abur timp de aproximativ 45 de minute până la 1 oră sau până când Humitas/Prăjiturile de porumb aburite sunt tari și gătite.
l)   Scoateți Humitas/Prăjiturile de porumb fierte la abur din cuptorul cu abur și lăsați-le să se răcească puțin înainte de a le desface și de a servi.

75. Budincă de orez

INGREDIENTE:

- 1 cană de orez alb
- 4 cesti de lapte
- 1 cană de apă
- 1 baton de scortisoara
- 1 cană de zahăr (ajustați după gust)
- 1 lingurita de extract de vanilie
- Zesta de 1 lămâie (opțional)
- Scorțișoară măcinată pentru ornat

INSTRUCȚIUNI:

a) Clătiți orezul sub apă rece pentru a îndepărta excesul de amidon.
b) Într-o oală mare, combinați orezul clătit, laptele, apa și batonul de scorțișoară.
c) Puneți oala la foc mediu-mare și aduceți amestecul la fierbere.
d) Reduceți focul la mic și fierbeți, amestecând din când în când pentru a nu se lipi, timp de aproximativ 20 de minute sau până când orezul este fiert și fraged.
e) Adăugați zahărul și amestecați până se dizolvă complet.
f) Continuați să gătiți budinca de orez la foc mic, amestecând des, pentru încă 10-15 minute sau până când amestecul se îngroașă până la o consistență cremoasă.
g) Luați oala de pe foc și adăugați extractul de vanilie și coaja de lămâie (dacă folosiți). Lasati Arroz con Leche/Rice Pudding la rece cateva minute.
h) Scoateți batonul de scorțișoară din oală.
i) Transferați Arroz con Leche/Rice Pudding în feluri de mâncare individuale sau într-un bol mare de servire.
j) Deasupra presara scortisoara macinata pentru decor.
k) Serviți Arroz con Leche/Rice Pudding cald sau rece. Se poate savura singur sau cu un strop de scortisoara in plus.

76.Budincă de porumb violet

INGREDIENTE:
- 2 cesti boabe de porumb violet (uscate)
- 8 căni de apă
- 1 baton de scortisoara
- 4 cuișoare
- 1 cană de ananas tăiat cubulețe
- 1 cană de măr tăiat cubulețe
- 1 cană pera tăiată cubulețe
- 1 cană gutui tăiate cubulețe (opțional)
- ½ cană de prune uscate
- ½ cană caise uscate
- 1 cană zahăr
- ¼ cană amidon de porumb
- Suc de 1 lime
- Scorțișoară măcinată pentru ornat

INSTRUCȚIUNI:
a) Într-o oală mare, combinați boabele de porumb violet, apa, batonul de scorțișoară și cuișoarele.
b) Aduceți amestecul la fierbere, apoi reduceți focul și fierbeți timp de aproximativ 45 de minute până la 1 oră.
c) Acest lucru va extrage aroma și culoarea porumbului violet.
d) Se strecoară lichidul într-o altă oală, aruncând boabele de porumb, batonul de scorțișoară și cuișoarele. Pune vasul la foc.
e) Adauga in oala ananasul taiat cubulete, marul, pera, gutuia (daca se foloseste), prunele uscate si caise uscate. Se fierbe timp de aproximativ 15 minute, sau până când fructele sunt fragede.
f) Într-un castron mic, amestecați zahărul și amidonul de porumb.
g) Adăugați acest amestec în oală și amestecați bine pentru a se combina.
h) Gatiti inca 5-10 minute, amestecand continuu, pana cand amestecul se ingroasa.
i) Scoateți oala de pe foc și amestecați cu sucul de lămâie.
j) Lăsați budinca de porumb Mazamorra Morada/purple porumb să se răcească la temperatura camerei, apoi dați la frigider pentru cel puțin 2 ore sau până când se răcește și se întărește.
k) Pentru a servi, puneți Mazamorra Morada/Budinca de porumb violet în boluri sau pahare individuale.
l) Deasupra presara scortisoara macinata pentru decor.
m) Bucurați-vă de budinca de porumb Mazamorra Morada/purple porumb răcită ca desert răcoritor și dulce.

77.Budinca de quinoa

INGREDIENTE:
- 1 cană de quinoa
- 4 căni de apă
- 4 cesti de lapte
- 1 baton de scortisoara
- 1 lingurita de extract de vanilie
- ½ cană de zahăr (ajustați după gust)
- ¼ linguriță de cuișoare măcinate
- ¼ lingurita de nucsoara macinata
- Stafide și/sau nuci tocate pentru ornat (opțional)

INSTRUCȚIUNI:
a) Clătiți bine quinoa sub apă rece pentru a elimina orice amărăciune.
b) Într-o oală mare, combinați quinoa și apa. Se aduce la fierbere la foc mediu-mare, apoi se reduce focul la mic și se lasă să fiarbă aproximativ 15 minute sau până când quinoa este fragedă. Scurgeți orice exces de apă.
c) Reveniți quinoa fiartă în oală și adăugați laptele, batonul de scorțișoară, extractul de vanilie, zahărul, cuișoarele măcinate și nucșoară măcinată.
d) Amestecați bine amestecul și aduceți-l la fiert ușor la foc mediu.
e) Gatiti aproximativ 20-25 de minute, amestecand din cand in cand, pana cand amestecul se ingroasa la o consistenta asemanatoare budincii.
f) Scoateți oala de pe foc și aruncați batonul de scorțișoară.
g) Lăsați budinca Mazamorra de Quinua/Quinoa să se răcească câteva minute înainte de servire.
h) Servește budinca Mazamorra de Quinua/Quinoa caldă sau rece în boluri sau căni de desert.
i) Ornați fiecare porție cu stafide și/sau nuci tocate, dacă doriți.

78.Prajituri de cod brazilian

INGREDIENTE:
- 10 uncii Cod de sare; feliate gros
- 8 uncii de cartofi făinoase
- Unt
- Lapte
- 3 linguri de patrunjel (grămăduit).
- 1 lingură (grămădită) mentă; tocat mărunt
- Piper negru proaspăt măcinat
- 3 ouă; separat
- 1 lingura Port
- Ulei pentru prăjire adâncă

INSTRUCȚIUNI:
a) Scurgeți codul și clătiți-l bine sub jet de apă rece.
b) Se acoperă cu apă proaspătă într-o cratiță, se aduce la fierbere și se fierbe timp de 20 de minute sau până când codul este moale. În timp ce codul fierbe, gătiți cartofii în coajă, apoi curățați și pasați cu unt și lapte. Cand codul este gata, se scurge bine si se indeparteaza pielea si oasele.
c) Tocați codul cu câteva furculițe. Adăugați cartofii smântâni, pătrunjelul, menta, piperul și gălbenușurile de ou, și portul. Amestecați bine. Bateți albușurile spumă, apoi amestecați în amestecul de cod. Luați un bulgăre din amestec, cam de mărimea unui ou mic, și modelați-l în mână pentru a face o formă de torpilă.
d) Se prăjește în ulei la 375 de grade până devine crocant și se rumenește peste tot. Scurgeți pe un prosop de hârtie și serviți fierbinți.

CONDIMENTE

79.Sos de coriandru

INGREDIENTE:

- 2 medii Ceapă(e), tăiată în sferturi
- 5 Catei de usturoi)
- 1 Ardei gras verde,
- Cu miez, sămânțat, tăiat cubulețe
- 12 Ardei Cachucha
- Cu tulpină și sămânță sau
- 3 linguri Ardei gras roșu tăiat cubulețe
- 1 buchet Coriandru
- Spălate și tulpinite
- 5 C i l a ntro frunze
- 1 lingurita Oregano uscat
- 1 cană Ulei de măsline extra virgin
- ½ cană otet de vin rosu
- Sare si piper

INSTRUCȚIUNI:

a) Puneți ceapa, usturoiul, ardeii, coriandru și oregano într-un robot de bucătărie. Adauga uleiul de masline, otetul, sare si piper si paseaza pana se omogenizeaza.

b) Corectați condimentele, adăugând mai multă sare sau oțet după gust.

c) Transferați sosul în borcane de sticlă curate. Refrigerat, se va păstra câteva săptămâni.

80. O pudră de dobo

INGREDIENTE:

- 6 linguri Sare cușer
- 2 linguri piper alb
- 2 linguri Semințe de chimen
- 2 linguri Praf de usturoi

INSTRUCȚIUNI:

a) Combinați sarea, boabele de piper și semințele de chimen într-o tigaie uscată și gătiți la foc mediu până când condimentele sunt ușor prăjite și parfumate, aproximativ 3 minute. Transferați amestecul într-un bol pentru a se răci.

b) Combinați amestecul de condimente prăjite și pudra de usturoi într-o moară de condimente și măcinați până la o pudră fină.

c) A se pastra intr-un recipient ermetic; se va păstra câteva luni.

81. Dip de legume

INGREDIENTE:
- 1 cană Maioneză
- 1 cană Smântână
- ¼ lingurita Praf de usturoi
- 1 lingurita Patrunjel maruntit
- 1 lingurita Sare condimentată
- 1½ linguriță Sămânță de mărar

INSTRUCȚIUNI:
a) Se amestecă toate ingredientele și se răcește. Cel mai bine făcut cu o zi înainte.
b) Se serveste cu legume crude: telina, morcovi, castraveti, ardei gras, conopida etc.

82. Vallarta dip

INGREDIENTE:

- 6½ uncie Conserve de ton -- scurs
- 1 Ceapa verde -- feliata
- 3 linguri Salsa fierbinte cu chile
- 4 linguri Maioneză
- 8 Crengute de coriandru, sau dupa gust
- Suc de lamaie sau de lime
- Sarat la gust
- CIPS tortilla

INSTRUCȚIUNI:

a) Într-un castron amestecați tonul, ceapa, salsa, maioneza și coriandru. Asezonați după gust cu suc de lămâie și sare; ajustați alte condimente după gust. Serviți cu chipsuri.

b) Tăiați ceapa verde în lungimi de 1 inch și puneți-o într-un procesor prevăzut cu o lamă de oțel. Adăugați crenguțele de coriandru și procesați timp de 3 până la 5 secunde. Adăugați tonul, salsa, maioneza, suc de lămâie și sare; pulsați de câteva ori pentru a se combina.

c) Gustați, ajustați condimentele și pulsați de o dată sau de două ori mai mult.

d) Scoateți din frigider cu aproximativ 30 de minute înainte de servire.

83. Sofrito verde

INGREDIENTE:
- 2 linguri Ulei de masline
- 1 mic ceapa(e)
- Tocat fin (1/2 cana)
- 1 buchet Oaste verde, tăiate
- Tocat mărunt
- 4 Cățel(i) de usturoi, tocat
- 1 Ardei gras verde
- Miez, însămânțat
- Tocat mărunt
- ¼ cană Coriandru, tocat
- 4 Frunze de Culentro
- Tocat fin (opt)
- ½ lingurita Sare sau dupa gust
- Piper negru după gust

INSTRUCȚIUNI:
a) Încinge uleiul de măsline într-o tigaie antiaderentă. Adaugati ceapa, ceapa, usturoiul si ardeiul gras.
b) Gătiți la foc mediu până când este moale și translucid, dar nu maro, aproximativ 5 minute, amestecând cu o lingură de lemn.
c) Se amestecă coriandru, pătrunjelul, sare și piper. gătiți amestecul încă un minut sau două. Corectați condimentele, adăugând sare și piper după gust.
d) Transferați într-un borcan de sticlă curat. Refrigerat, se va păstra până la 1 săptămână.

84. Condimente pentru taco

INGREDIENTE:
- Coaja uscată de la 1 lime (opțional)
- 2 linguri praf de chili
- 1 lingura chimen macinat
- 2 lingurițe de sare de mare măcinată fin
- 2 lingurite coriandru macinat
- 1 lingurita boia
- 1/2 lingurita piper proaspat macinat
- 1/8 lingurita piper cayenne (optional)

INSTRUCȚIUNI:
a) Acesta este un pas optional, dar gustos, asa ca il recomand — coaja 1 lime.
b) Puneți coaja fie într-un vas mic pe un pervaz însorit, uscați într-un deshidratator, fie într-un cuptor încălzit la 175 ° F timp de aproximativ 10-15 minute, până când toată umezeala dispare.
c) Se amestecă toate ingredientele într-un bol până se amestecă bine.
d) A se păstra într-un loc răcoros și întunecat într-un recipient de sticlă ermetic.

85.roșii și porumb

INGREDIENTE:
- Pachet de 6,10 uncii de porumb congelat sau
- 4 spice de porumb proaspat, taiate din stiulete
- 1 roșie mare coaptă, tăiată cubulețe
- 1/2 ceapa rosie medie, taiata cubulete mici
- 1 ardei jalapeño, fără semințe și tăiat cubulețe
- 3 linguri de otet balsamic
- 2 linguri busuioc proaspăt tocat
- 2 linguri coriandru proaspăt tocat
- sare de mare după gust

INSTRUCȚIUNI:
a) Se amestecă totul într-un castron mare și se amestecă bine.
b) Lăsați să stea 1 oră la temperatura camerei sau la frigider pentru a lăsa aromele să se căsătorească.

86.Guacamole de fasole albă

INGREDIENTE:
- 2 cești ușor împachetate de avocado copt tocat/tăiat în felii
- 1 cană fasole albă 1/2 linguriță sare de mare
- 2–2 1/2 linguri suc de lamaie
- Apă, pentru a dilua după dorință

INSTRUCȚIUNI:
a) Puneți avocado, fasole albă, sarea de mare, sucul de lămâie și apă într-un robot de bucătărie sau blender și amestecați până la omogenizare.
b) Asezonați după gust cu sare suplimentară și/sau suc de lămâie.

BĂUTURI

87.Smoothie de cactus

INGREDIENTE:
- 1/2 cană bucăți de palete de cactus curățate și tăiate cubulețe
- 1 cană suc de portocale, suc de rodie sau alt suc Puțină mică de gheață

INSTRUCȚIUNI:
a) Clătiți bine bucățile de cactus sub jet de apă rece și puneți-le și sucul și gheața într-un blender.
b) Se amestecă până se lichefiază bine, 1-2 minute.

88. Ape proaspete

INGREDIENTE:

- 2 cani de fructe proaspete
- 1–2 linguri de suc de lămâie proaspăt stors 2 căni de apă
- 2–4 linguri de nectar de agave sau un înlocuitor de zahăr 1 cană de gheață pisată

INSTRUCȚIUNI:

a) Puneți fructele, sucul de lămâie, apa și nectarul de agave într-un blender.
b) Se strecoară într-un ulcior și se adaugă gheața.

89. Mojito în stil latino-american

INGREDIENTE:

- 6 Aji dulce ardei sau
- 1½ lingură Ardei gras rosu, taiat cubulete
- ½ Ardei gras verde, taiat cubulete
- 5 Catei de usturoi)
- Tocat grosier
- 2 Șoală, tocată grosier
- 1 Roșie
- Curățați de coajă și sămânțați
- 1½ lingură Capere, scurse
- 1½ linguriță Oregano uscat
- ½ cană Frunze de coriandru
- Spălate și tulpinite
- ¼ cană Pasta de tomate
- 2 linguri Ulei de măsline extra virgin
- 1 lingura Suc de lămâie
- Sare si piper dupa gust

INSTRUCȚIUNI:

a) Servit în mod tradițional ca sos pentru chipsuri de pătlagină și pătlagină verde prăjită. Este, de asemenea, grozav pentru înmuierea chipsurilor de tortilla și face un sos cocktail fin pentru creveți și alte fructe de mare.

b) Combinați ardeii, usturoiul, șalota, roșiile, caperele, oregano și coriandru într-un robot de bucătărie și măcinați până la un piure fin. Se lucrează în pasta de roșii, ulei de măsline, sucul de lămâie, sare și piper.

c) Transferați într-un borcan curat cu un capac nereactiv. Refrigerat, se va păstra 1 săptămână.

90. Horchata de Melón

INGREDIENTE:
- 2 linguri suc de lamaie proaspat stors (optional)
- 1 pepene galben copt, aproximativ 2 lire, dând aproximativ 1 kilogram de fructe și semințe pure, 2-1/2 căni
- 2-1/2 cani de apa
- 2 linguri nectar de agave sau înlocuitor de zahăr (opțional)
- 1/2 lingurita extract de vanilie

INSTRUCȚIUNI:
a) Pune sucul de lămâie, dacă folosești, 1 cană de apă, fructele și semințele într-un blender și faci piure. Adăugați restul de apă, îndulcitorul, dacă folosiți, și vanilia și amestecați pentru a se amesteca bine.
b) Se strecoară Horchata într-un ulcior și se răcește sau se servește peste gheață.

91. Sangrita

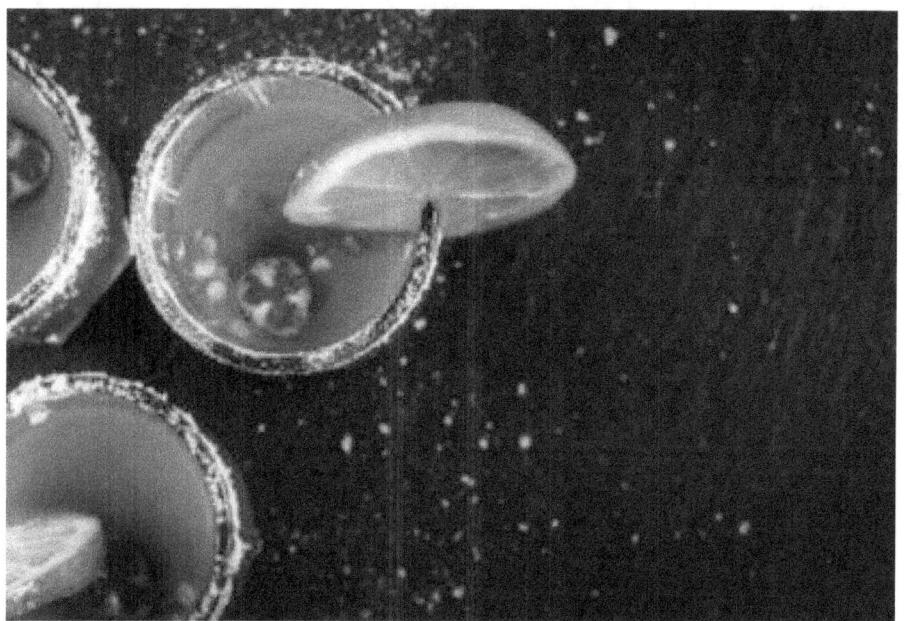

INGREDIENTE:
- 2 ardei iute ancho de mărime medie, prăjiți și rehidratați
- 2-1/2 căni de suc proaspăt de portocale
- 3-1/2 linguri grenadină
- 1 lingurita sare

INSTRUCȚIUNI:
a) Puneți toate ingredientele într-un blender și faceți piure.
b) Se strecoară și se răcește amestecul înainte de servire.

92.Oul de cocos

INGREDIENTE:
- 13/16-quart Rom ușor în stil latino-american
- Curatati de la 2 lime; (răzuit)
- 6 Galbenusuri de ou
- 1 poate Lapte condensat dulce
- 2 conserve (mare) lapte evaporat
- 2 conserve Crema de nuca de cocos; (ca Coco Lopez)
- 6 uncii Gin

INSTRUCȚIUNI:
a) Se amestecă jumătate din rom cu coaja de lămâie într-un blender la viteză mare timp de 2 minute.
b) Se strecoară și se pune într-un bol mare. Adăugați restul de rom.
c) În blender, amestecați gălbenușurile de ou, ambele lapte și ginul până se omogenizează bine.
d) Turnați ¾ din acest amestec într-un castron cu rom. Se amestecă restul cu crema de cocos și se amestecă bine. se adauga la amestecul de rom, se amesteca bine si se da la frigider.

93. Moș de ouă în stil latino-american

INGREDIENTE:

- 2 cani de apa
- 8 bete de scortisoara
- 6 gălbenușuri mari
- 3 (12 oz.) cutii de evaporat
- 1 cană cu lapte
- 2 Cutii de lapte de cocos
- 3 (14 oz.) cutii îndulcite
- 1 cană lapte condensat
- 3 căni de rom alb

INSTRUCȚIUNI:

a) Într-o cratiță de 2 litri, încălziți apa și scorțișoara se lipește la fierbere la foc mare. Reduceți căldura la mediu și gătiți până când lichidul se reduce la o cană. Scoateți batoanele de scorțișoară și lăsați lichidul deoparte să se răcească la temperatura camerei.

b) Într-o cratiță de 3 litri cu un tel de sârmă, bate gălbenușurile de ou și laptele evaporat până se amestecă bine.

c) Gatiti la foc mic, amestecand continuu pana cand amestecul se ingroasa si imbraca o lingura - aproximativ 10 minute.

d) Pus deoparte.

e) Când lichidul cu aromă de scorțișoară s-a răcit, amestecați laptele de cocos, până se amestecă bine.

f) În bolul de servire, combinați amestecul de nucă de cocos, amestecul de gălbenușuri, laptele condensat îndulcit și romul. Se răcește bine și se servește.

94.Bere de porumb fermentată

INGREDIENTE:
- 2 kilograme de porumb jora (porumb violet)
- 1 kilogram de ananas, tocat
- 1 baton de scortisoara
- 4 cuișoare
- 1 lingura de frunze uscate de huacatay (optional)
- 2 litri de apă
- 1 cană de zahăr (ajustați după gust)
- Suc de 2 lime

INSTRUCȚIUNI:
a) Clătiți porumbul jora sub apă rece pentru a îndepărta orice murdărie sau resturi.
b) Pune porumbul jora intr-o oala mare si adauga apa cat sa il acopere. Lăsați-l la macerat peste noapte sau timp de cel puțin 8 ore pentru a se înmoaie.
c) Scurgeți porumbul jora înmuiat și aruncați apa de înmuiat.
d) Într-o oală mare, adăugați porumbul jora înmuiat, ananasul tocat, batonul de scorțișoară, cuișoarele și frunzele uscate de huacatay (dacă se utilizează).
e) Turnați 2 litri de apă în oală, asigurându-vă că toate ingredientele sunt scufundate.
f) Aduceți amestecul la fierbere la foc mediu.
g) Reduceți focul la mic și lăsați să fiarbă aproximativ 2 ore, amestecând din când în când. În acest timp, porumbul își va elibera zaharurile și aromele naturale.
h) După 2 ore, scoateți oala de pe foc și lăsați-o să se răcească la temperatura camerei.
i) Se strecoară lichidul printr-o sită cu ochiuri fine sau o pânză de brânză, aruncând solidele (porumb, ananas, condimente).
j) Reveniți lichidul strecurat în oală și adăugați zahăr după gust. Se amestecă până se dizolvă zahărul.
k) Stoarceți sucul de la 2 lime în oală și amestecați pentru a se combina.
l) Transferați Chicha de Jora/Bere de porumb fermentată într-un ulcior sau într-un pahare de servire individuale.
m) Pune la frigider Chicha de Jora/Bere de porumb fermentată până se răcește sau serveşte-o pe gheață.
n) Amestecați Chicha de Jora/Bere de porumb fermentată înainte de servire, deoarece se poate așeza și se poate separa în timp.
o) Optional, puteti garni fiecare pahar cu un strop de scortisoara macinata sau o felie de ananas.

95.Băutură de porumb violet

INGREDIENTE:
- 2 stiuleți mari de porumb violet
- 8 căni de apă
- 1 ananas, decojit și tăiat în bucăți
- 2 mere, decojite, decupate de miez și tăiate cubulețe
- 1 baton de scortisoara
- 4 cuișoare
- 1 cană zahăr (ajustați după gust)
- Suc de 2 lime
- Cuburi de gheata (pentru servire)
- frunze de mentă proaspătă (pentru garnitură)

INSTRUCȚIUNI:
a) Într-o oală mare, combinați știuleții de porumb violet și apa. Se aduce la fierbere la foc mediu.
b) Reduceți focul la mic și fierbeți aproximativ 30 de minute pentru a extrage aromele și culoarea porumbului.
c) Scoateți știuleții de porumb violet din oală și aruncați-i. Pune lichidul violet deoparte.
d) Într-o oală separată, adăugați bucățile de ananas, merele tăiate cubulețe, bețișoarele de scorțișoară și cuișoarele.
e) Turnați lichidul violet rezervat în oala cu fructele și condimentele.
f) Aduceți amestecul la fierbere, apoi reduceți focul și fierbeți timp de aproximativ 20 de minute, permițând fructelor și condimentelor să-și infuzeze aromele în lichid.
g) Scoateți oala de pe foc și strecurați lichidul pentru a îndepărta solidele. Aruncați fructele și condimentele.
h) Adăugați zahărul și sucul de lămâie, ajustând dulceața și aciditatea după gustul dvs.
i) Lăsați băutura de porumb Chicha Morada/Purple Corn să se răcească la temperatura camerei, apoi lăsați-l la frigider pentru cel puțin 2 ore pentru a se răci.
j) Servește Chicha Morada/Purple Corn Drink peste cuburi de gheață în pahare și ornează cu frunze de mentă proaspătă.

96.Fructul pasiunii Sour

INGREDIENTE:
- 2 uncii Pisco (coniac de struguri în stil latino-american)
- 1 uncie piure de fructul pasiunii
- 1 uncie suc proaspăt de lămâie
- ¾ uncii sirop simplu
- Gheață
- Seminte proaspete de fructul pasiunii pentru garnitura (optional)

INSTRUCȚIUNI:
a) Într-un shaker, combinați Pisco, piureul de fructul pasiunii, sucul proaspăt de lămâie și siropul simplu.
b) Adăugați gheață în agitator și agitați energic timp de aproximativ 15 secunde.
c) Strecurați amestecul într-un pahar de modă veche sau într-un pahar de cocktail răcit.
d) Ornați cu seminţe proaspete de fructul pasiunii dacă doriți.
e) Servește Maracuyá Sour și bucură-te de aromele tropicale.

97. Ceai de coca

INGREDIENTE:
- 1-2 pliculețe de ceai de coca sau 1-2 lingurițe de frunze de coca uscate
- 1 cană apă fierbinte
- Miere sau zahăr (opțional)

INSTRUCȚIUNI:
a) Puneți plicul de ceai de coca sau frunzele de coca uscate într-o ceașcă.
b) Turnați apă fierbinte peste pliculețul de ceai de coca sau frunze.
c) Lăsați-l la infuzat timp de 5-10 minute sau până când ajunge la puterea dorită.
d) Îndulciți cu miere sau zahăr, dacă doriți.
e) Savurați ceaiul de coca, o infuzie tradițională de plante în stil latino-american, cunoscută pentru aroma sa blândă și pământească.

98. Cappuccino cu rom în stil latino-american

INGREDIENTE:
- 1½ uncie rom negru
- 1 lingurita zahar
- Cafea tare fierbinte
- Lapte aburit
- Frisca
- Scorțișoară măcinată

INSTRUCȚIUNI:
a) Combinați romul și zahărul într-o cană.
b) Adăugați părți egale de cafea și lapte.
c) Acoperiți cu smântână și scorțișoară.

99.Pisco Lovi cu pumnul

INGREDIENTE:
- 2 uncii Pisco (coniac de struguri în stil latino-american)
- 1 uncie suc de ananas
- ½ uncie suc proaspăt de lămâie
- ½ uncie sirop simplu
- Gheață
- Feliie proaspătă de ananas sau cireșe pentru decor

INSTRUCȚIUNI:
a) Într-un shaker, combinați Pisco, sucul de ananas, sucul proaspăt de lămâie și siropul simplu.
b) Adăugați gheață în agitator și agitați energic timp de aproximativ 15 secunde.
c) Strecurați amestecul într-un pahar de modă veche sau într-un pahar de cocktail răcit.
d) Se ornează cu o felie proaspătă de ananas sau cireșe.
e) Serviți Pisco Lovi cu pumnul și savurați aromele tropicale.

100. Cocktail de fructe Camu

INGREDIENTE:
- 2 cani de fructe proaspete de camu camu (sau suc de camu camu, daca este disponibil)
- ½ cană de pisco (coniac de struguri în stil latino-american)
- 2 linguri miere
- 1 cană de gheață
- Fructe proaspete de camu camu pentru garnitură (opțional)

INSTRUCȚIUNI:
a) Într-un blender, combinați fructele proaspete de camu camu, pisco, mierea și gheața.
b) Se amestecă până la omogenizare.
c) Gustați și ajustați dulceața adăugând mai multă miere dacă doriți.
d) Turnați Coctel de Camu Camu în pahare.
e) Ornați cu fructe de padure proaspete camu camu, dacă sunt disponibile.
f) Servește cocktailul camu camu și bucură-te de aroma unică și acidulată a acestui fruct amazonian.

CONCLUZIE

Pe măsură ce ultimul capitol al Latinísimo își întoarce paginile, sperăm că bucătăria ta a fost plină de aromele vibrante și îmbietoare ale bunătății gătite acasă din America Latină. Această carte de bucate este mai mult decât un ghid; este o invitație de a savura esența Americii Latine în confortul propriei case.

În timp ce savurați ultima bucătură din aceste 100 de preparate latine, amintiți-vă că nu ați recreat doar rețete; ați îmbrățișat tradițiile culinare care au fost transmise de-a lungul generațiilor. Latinísimo este o sărbătoare a bogatei tapiserie care este bucătăria latino-americană, iar fiecare fel de mâncare este o mărturie a diversității culturale și a moștenirii culinare care definesc această parte extraordinară a lumii.

Fie ca aromele să rămână în memoria voastră și spiritul bucătăriilor din America Latină să continue să vă inspire aventurile culinare. Până ne întâlnim din nou în următoarea explorare culinară, que disfruten de la buena cocina. Gătit fericit!

www.ingramcontent.com/pod-product-compliance
Lightning Source LLC
Chambersburg PA
CBHW071335110526
44591CB00010B/1159